# いま問いなおす「自己責任論」

イラクから帰国された
5人をサポートする会 編

高遠菜穂子
渡邉修孝
酒井啓子
相澤恭行
久保　亨
瀧川裕英
醍醐　聰
韓 静妍
山口正紀
野村剛史
小野塚知二
八木紀一郎

新曜社

# はしがき

二〇〇四年四月に、イラクで反米抵抗勢力に身柄を拘束された五人の日本人に対して、「自己責任」を振りかざした中傷・攻撃が日本中を覆ったとき、こうした不条理な動きに心を痛めた大学教員有志が「イラクから帰国された5人をサポートする会」(以下、「サポートする会」と略す)を立ち上げました。そして、戦禍のイラクで生命の危険にさらされ、悲惨な生活を強いられた人々の姿を世界に伝え、人道支援の手をさしのべようとした五人の勇気ある行動に敬意を表するネット署名を呼びかけたところ、一カ月あまりで六〇〇一の賛同が寄せられました。そして、そのうちの二八六三筆にはさまざまな思いが込められたメッセージが添えられていました。

その後、自己責任論が潮が引くように人々の関心から消えかけた二〇〇四年七月、「サポートする会」は瀧川裕英(大阪市立大学助教授)、山口正紀(ジャーナリスト)、高橋源一郎(作家)の各氏を講演者としてお招きし、「いま問い直す「自己責任論」」と題するシンポジウムを東京大学本郷キャンパスで開催しました。

このシンポジウムの後、参加者から大きな反響が寄せられたこともあって、実行委員の間から、成果を活字にして残せないものかという声が起こりました。それをもとに企画したのが本書です。

本書の編者は「サポートする会」ですが、具体的な編集作業は、出版をお引き受けいただいた新曜社編集部の二名のスタッフと、前記シンポジウムの実行委員の小島浩之さん、平尾彩子さん、そして「サポートする会」の世話人会を代表した醍醐聰の五名で構成された編集委員会に委嘱しました。なお、「サポートする会」の設立時の呼びかけ文、その後の活動の歩みは、本書の附編に収録していますので、そちらをご覧下さい。

本書の編集を進めていくなかで、先のシンポジウムにおける講演者と「サポートする会」の世話人の論文に加え、さまざまな視点、体験を持った方々にも執筆に加わっていただき、自己責任論を縦横に論じていただこうということになりました。

その結果、本書は類書にはない多彩な執筆陣をそろえ、ある章では、臨場感あふれる筆致でイラクの実態に触れながら、また別の章では、法哲学の視点から、国家と個人の関係という視点から、さらに別の章では、メディアの報道責任、あるいは国際比較の視点から、自己責任論を論じていただきました。こうして、本書は、自己責任論を多様な観点から問いなおす素材を読者に提供できたのではないかと思っています（なお、高橋源一郎氏はご多忙のため、残念ではありましたが本書への執筆を辞退されました）。

本書を通じて、自己責任論が決して一過性のものではなく、多様な価値観を持った個人が、どのようにして国家から、あるいは「世間」というくびきから自立し、国境を超えた市民としての責任を自覚し、実践していくのかという、普遍的な課題とつながっていることを読み取っていただければ幸いです。なぜなら、私たちは、「人間が持つもののなかで、自分自身に基礎をおかぬ力ほど不安定で、はかないものはない」（『ゲーテ格言集』高橋健二編訳、新潮文庫、一二七頁）と考えるからです。また、「自分自身の内心を支配することのできぬものに限って、とかく隣人の意志を支配したがるものだ」（同上書、一四五頁）と思うからです。

本書を完成するまでには、多くの方々から、かけがえのないご協力をいただきました。まず、本書の企画の発端となった上記のシンポジウムで講演を快諾いただいた瀧川、山口、高橋の三氏には、参加者に向かって大胆な問題提起をいただき、活発な議論のきっかけを作っていただいたことに厚くお礼を申し上げます。また、上記のような経過から、シンポジウム以後、編集委員会の求めに応じて執筆に加わっていただき、本書の魅力をいっそう高めるのにふさわしい原稿をお寄せいただいた高遠菜穂子、渡邉修孝、酒井啓子、相澤恭行、韓静妍の各氏に、厚くお礼を申し上げます。

さらに、本書の企画でもう一つ注目いただきたいのは、「サポートする会」の呼びかけに対して寄せられた二八六三筆のメッセージのなかから、編集委員会が選んだ一一編をご本人のご了解を得たうえで、掲載していることです。これらのメッセージが、読者の方々に、改めて自己責任論を問いなおすヒントになれば、幸いです。

ところで、上記のシンポジウムを開催するにあたっては、いろいろな意見を交わしながらプログラム案を練り、炎暑のなか、広報のためにチラシを携えて各地に足を運んでいただいた実行委員の方々の献身的な努力がありました。これらの方々の奮闘なしにはシンポジウムは成功しなかったと思います。この場を借りて、実行委員の皆様に深く感謝をいたします。なお、実行委員の方々のお名前は本書の附編に掲載しています。

さらに、このときの実行委員のなかの有志の方々には、各地の図書館を回って、本書の多くの章で利用されている新聞社説、雑誌記事などの収集に尽力をいただきました。これらの方々のお名前は本書の附編に掲載していますが、この場で改めて感謝の気持を表したいと思います。

ところで、私たちの会が活動を進めるにあたっては、辻下徹氏にホームページの管理をはじめ、会のネット上の活動の柱となるＷＥＢ管理者の仕事を担当していただきました。辻下氏のご協力と助言なしには、会の活動は成り立ちませんでした。同氏の甚大なお力添えに、会の世話人を代表して、心より感謝を申し上げます。

最後になりますが、（株）新曜社代表取締役社長 堀江洪氏には、私たち「サポートする会」が本書に込めた趣旨を深くご理解いただき、本書の出版を快諾いただきました。ここに、堀江社長の深い見識に敬意を表するとともに、私を筆頭にして原稿が遅延し、進行が手間取った本書の編集作業を粘り強く、しかし、強い意思で推進して下さった同社編集部の渦岡謙一氏、小林みのり氏の誠意に心からお礼の気持を表したいと思います。

二〇〇五年九月

イラクから帰国された5人をサポートする会

代表世話人　醍醐　聰

シンポジウム「いま問い直す「自己責任論」」の立て看板（2004 年 7 月 24 日）

# いま問いなおす「自己責任論」――目次

装幀——難波園子

出版に寄せて

# 命の重さ

高遠菜穂子

二〇〇四年四月七日、邦人三人がイラク・ファルージャ近郊で現地の抵抗勢力に拘束された。うち一人が、草の根ボランティアとして活動していた高遠さん。イラクへの四度目の入国の時だった。

この一年。翻弄された一年だった。あれから毎朝、目が覚めると「生きている」と確認するようになった。五年前から始めた食前の祈りはより長く、そして深くなった。食卓に彩られた「命の祭典」を祝い、敬い、出会った人々への想い、そして命のつながりをよりいっそう思い描くようになった。私の命がこの命たちによって永らえている。その感覚が強くなったと思う。イラクに行った時も同じことを思っていた。私は命を大切に思う。理不尽に殺されていくあの人たちも命は大切に違いない。そう強く思うから他人事と思えなかった。命が何よりも大切だと信じて私はイラクに向かったことは以前も今も変わらない。今もそう思うことには変わりはない。ただ、その感覚がより強烈に私の細胞を刺激するようになった。時折、その重さがのしかかってくるように感じることもある。きっと、この重さが「命の重さ」なのだろう。

この一年、泣いた。涙が枯れる、って言葉のとおり、泣いた。私の周りで命をなくした人のことを思うと泣けてくる。「よく泣きますねぇ」なんて言われるけど、きっとその人より私の方が「イラク」と「死」が身近なんだと思う。周りで命が理由もなしに立て続けに亡くなっていくのに笑ってられない。その人にとってはイラク人が何人死んでもおかまいなしと思っても、私には友人が死んだということだから、とっても悲しいし泣けるよ。ファルージャが攻撃された映像を見て、私は気が狂っていた。その姿を見て母は泣いていた。誰かが私のそんな姿を見たら、きっと病院に運んで手足を縛っただろうね。他人のことでこんなに泣くなんてきっとアタマオカシイってね。どれだけイラクと深く関わらなければならないのか、不安を覚えるほどにイラクが近い。イラクで命を亡くしていった人すべてが近く、そして胸に痛みを伴って思い出す。

今の私にとっての大きなテーマはやはり「死」だ。今まで看取ってきた死は私の中で受け止められた。けれど、今私の目の前で繰り広げられている死は、あまりに無意味すぎる。あまりに乱暴すぎる。どう、どう受け止めろというのだろうか。それが私にとって「イラク」、そして「戦争」というものに向き合う最大の理由かもしれない。

この一年。人の恐ろしさに傷ついた一年だった。そして、人のやさしさに触れた一年だった。情緒不安定な私を受け入れてくださったみなさん、本当にありがとうございました。

（二〇〇五年四月十二日、日記より）

出版に寄せて

# 私の考える責任

渡邉修孝

二〇〇四年四月十四日、先に拘束された三邦人に続き、イラク・バグダッド郊外で新たに邦人二人が拘束された。そのうち一人が渡邉さん。二人はその後、十七日に解放された。渡邉さんは、自衛隊の海外派遣などに反対する市民団体「米兵・自衛官人権ホットライン」に参加し、二〇〇四年二月末からイラクに入っていた。

あの、イラクでの拉致事件から早くも一年以上も経っている。しかし、自衛隊のイラク派兵がいまだに続いていることによって、私のなかの拉致事件はなおも継続中なのだ。日本では、「イラク人質事件」以降、政治家の発言やマスコミによって「自己責任論」などという為政者の言い訳が、あたかも「正論」であるかのごとくまかり通ってしまった。つまり、国家や組織、集団のなかにおいて弱い立場の者に責任を押し付け、立場の強い者は知らん顔という論理が押し通ってしまったのだ。あのとき、巷で盛んに言われた「自己責任論」なるものは一体どのようなことだったのか。そう問われれば、「責任回避の理屈」としか言えないだろう。そう考えれば実に分かりやすいことだ。

日本政府や外務省は、二〇〇四年の四月にイラクで日本人が拉致されたとき、米軍のイラク占領と自衛隊のイラク派兵に反対する日本人民間ボランティアやジャーナリストらが現地でどのような事態に遭遇しても、他の政府職員やボランティアと平等な扱いで救助の手を差し伸べることを日本政府はしなかった。だからこそ、政府は拉致事件の対処として、対外的な面子もあるのでやむをえず「必要最小限の捜索」活動を行なっただけだった。ところが国内向けの広報では、いかにも現地の外務省職員が誠心誠意、奮闘努力したような情報を流すことによってその欺瞞性をあらわにしていった。当時のイラクに取材で滞在していた記者なら、ほとんどの者が分かっていたと思うが、「人質」が拘束されている間、現地の外務省職員などはほとんど捜索や現場の情報収集などしていないのだ。

彼らが「努力」していたのは、本国からの指示待ちと、事後処理の段取りだけであった。主にこの事後処理に力点が置かれていたであろうことは、その後の拉致被害者への対応からも窺い知れることである。

私と安田氏がウンム・アルクラ・モスクに引き受けられた直後に、タイミングを計っていたかのように外務省職員が身柄を引き取りに来た。しかし、そこで聖職者クバイシ師が職員に向かって、「日本政府は人質を助ける気がないかと思った」などの苦言を述べられた様子は、アル・ジャジーラ配信の映像で観ている人もいるだろう。つまり、解放されるまでの間、相互の連携にかなり隔たりがあったということだ。日本政府は、水面下で米軍現地司令官に捜索依頼をしたようだが具体的には何の手がかりも掴めなかったらしい。三名の日本人が誘拐されたときの犯行声明で述べられた「猶予期間四八時間、プラスα」の間に、米軍の武装ヘリがバグダッド市内上空を日中、ひっきりなしに飛び回っていたにもかかわらず、何も手がかりを得られないまま猶予期限を過ぎた頃から捜索を打ち切られた。結局米軍にとって日本政府の依頼など、その程度のものなのである。そうでなくとも、ファルージャ攻撃に人員や兵器を投入して多くのイラク市民を虐殺している最中では、日本人の救助どころではなかったのだろう。

もしも、日本政府が正直に、「政府の方針に批判的な国民を無償で助ける責任などありません」と初めから表明していれば、二〇〇四年七月の参議院選挙で惨敗、内閣解散総選挙になったかもしれない。結果として、小泉内閣の延命のためだけにイラク拉致被害者たちに対して、「自己責任で拉致・誘拐された」とするロジックがでっち上げられたと言えよう。

小泉内閣のそのような責任転嫁の姿勢が、一事に限らず万事に及んでいることがこの政権の弱点ともいえる。イラク拉致・誘拐事件ではあれほど被害者家族にそっけない態度を示した小泉首相も、対北朝鮮には拉致被害者の救援を政治駆引きのテーブルに載せることで躍起になっている。だが、残念なことに「ポチの飼い主」である親玉ブッシュ大統領の核施設問題重視の路線に対しては、北朝鮮の「拉致問題」を取り上げる余地はない。アメリカとは、「ブッシュ・ドクトリン」とはそういうものであると、今度は小泉首相自身が苦虫を噛みつぶすことになる番だ。小泉首相は、いずれブッシュ大統領からも、「それはあなたの自己責任ですよ！」と言われる日が来るだろう。

だが、私自身にとってそんなことはどうでもいいことだ。小泉内閣がこの先どうなろうと知ったことではない。私は、今後も自衛隊イラク派兵に反対の立場を貫くし、サマーワの「自衛隊活動監視」を再開することもあるだろう。それによって自分の身に何か緊急の事態があっても、それは私の責任である。それは多国籍軍でもなければ日本政府のせいでもない。ましてやイラク人のせいでもない。全部自分に降りかかってくる問題である。そうであるがゆえに、自分で責任を果たさなくてはならない。私は、二〇〇四年二月にそのようなことなど誰に言われるまでもなく、分かりきって戦場であるイラクに赴いたのである。

私ごとになって恐縮だがあえて述べさせてもらう。今まで私は、両親の実家から離れて暮らしていたのでわりと気軽に行動でき、自由が利いた。ところが、自分にとって大切な人ができたり、人付合いが濃厚になってくると、自分の家族と同じくらいか、それ以上に相手のことを気遣うようになってくる。自分の身は、自分一人のものではないと改めて思うようになる。

人間は、社会のなかで生活するものである。決して一人だけでは生きていけないと自覚することにより、はじめてそこに自分の責任が生じるのだと思う。最近は、それが以前にも増して強くなってきた。だから、私は仕事やプライヴェートでも、自由意志に伴う責任を全うしなければならないと考えている。

# 本編

シンポジウム「いま問い直す「自己責任論」」の講演風景（2004 年 7 月 24 日）

# イラク「混乱」の責任を問われるのは誰か

酒井啓子

エジプトやスーダンなどアラブの非産油国が抱える過剰労働力が、サウディアラビアやクウェートなどの産油国で出稼ぎ労働者となり、出身国の重要な外貨収入源になっていることは、よく知られている。筆者がエジプトに滞在していた一九九〇年代後半にも、メイドや建設労働者から、教師などの知識人に至るまで、産油国滞在経験のある者はいつもすぐ身近にいた。そのとき庶民がしばしば口にしていた苦情の一つに、こういうものがある。「エジプトの出稼ぎ労働者が、サウディアラビアでさまざまなハラスメントや暴力を雇用主から受けているのに、エジプト政府は一向に抗議をしない。大統領はサウディ政府に経済援助を受けていて頭が上がらないから、何も言えないのだ」。

政府がただ国民を威圧する「お上」ではなく、自国民の安全を守る責務を持つものである、という意識が広がりつつあったのは、ちょうどエジプトでも「市民社会」の成立、役割が議論されていた頃である。自国民が海外で何らかの被害にあった際、その国民が属する国の政府が、その国民が被害に遭う原因となった事故、事件の責任を相手国の政府や治安機関などに問うべきである、と国民が考えるのは、自然な国家・社会間関係であろう。

二〇〇四年四月、五人の日本人がイラクで拉致された際、事件発生の責任を被害にあった当該日本人に帰する風潮が、日本のマスコミに蔓延した。通常であれば、相手国であるイラクの政府に治安管理責任を問うべきなのに、何故拉致の被害にあった本人の責任が問われることになったのか。それは、治安悪化の責任を問うべき相手国政府が不在だったからに尽きる。イラクで暫定政府が成立するのは事件発生の二カ月後で、当時イラクは未だ戦後の無政府状態に悩まされていた。日本政府が邦人にイラクからの退避勧告を出したのは、イラクがそのような「誰も責任の取れない状態」だから、ということであろう。

だがここで問題にしたいのは、二〇〇四年四月のイラクは本当に「誰も責任が取れない状態」だったのか、ということである。イラクの治安悪化の責任の所在は、どこにあったのか。責任の取れるイラク政府は成立していなかったが、代わりにイラクの行政、治安安定を担うべしとされた機関がなかったのだろうか。また、戦後の治安を悪化させた背景には何があるのか、その悪化の引き金となる原因を取り除く努力をしなかったことへの責任は、誰に問われるべきなのか。

さらに言えば、そうしたイラクの現状を、誰が正確に報道し、正確に人々に伝えただろうか。希望的観測や政治的判断、主義主張に基づいて、イラクで起きていることの一部を取り出して描き出すような「見せ方」がイラク報道で蔓延したために、そうした「見せ方」では見ることのできない

「生身のイラク」を見たいと、旅に出た人々が思ってしまったのは、誰の責任なのだろうか。そして中東地域全体で治安が悪化した原因は何か、という背景説明を、中東研究者をはじめとする知識人が、一般の旅行者や民間組織に伝わるようにちゃんと伝え、説明し続けてきたのか、という問題も、忘れてはならない。

本稿では、こうした問題意識を背景に、「イラク邦人拉致」にまつわる本来の「責任」の所在を論じつつ、イラクの現状を分析したい。

## イラクの統治責任は誰にあるのか

### (1) イラク治安維持責任を担う占領軍

まず、イラク戦争後のイラクにおける行政責任の所在を明らかにしておきたい。周知のようにイラクのサッダーム・フセイン政権は、イラク戦争でバグダード（一般にバグダッドと表記されているが、本稿では現地での発音に忠実に、バグダードとしておく）が米英など連合軍の手に陥落する過程で、市中のフセインの銅像が引き倒されるという象徴的な事件を契機として事実上崩壊したが、突然到来した無政府状態、権力の真空化に、イラク国内は略奪、強盗などの不法行為が頻発した。この時、フセイン政権下のイラク軍は敗走するか空中分解していたため、イラクの治安を確保できるのは連合軍しかなかったが、そもそも戦闘を目的に投入された米軍は、こうした犯罪行為に対する取締りには一切携わらなかった。米軍兵士が石油省の建物を厳重に守る横で、メソポタミア文明の遺産を博物館から盗み出す泥棒が横行する戦後の混乱のなか、「米軍の占領目的がイラクの秩序維持ではなく石油資源の確保であった」、との噂がイラク国民の間で定着したのは、当然とも言えよう。

ブッシュ大統領がイラク戦争の主要な戦闘が終了した、と宣言した二〇〇三年五月一日の時点で、米英などの連合軍はORHA（人道復興支援局）を戦後復興の責任母体としていたが、戦前から予定されていた早期のイラク暫定政府の設立は見送られ、ORHAに変わって設置されたCPA（連合国暫定当局）が、連合国によるイラク軍事直接統治を担うことになった。そのCPAの地位を国際的に保証したのは、二〇〇三年五月二十二日に採択された国連安保理決議一四八三号である。

ここで注目すべきは、その決議のなかの以下の条項である。

（本決議は）CPAに対して、（イラク）領内の効率的行政を通じて、イラク人の福祉を促進し、特に治安状況と安定の回復のために働くことを求める。

つまりこの国連決議は、戦後のイラク統治における連合軍の駐留、連合国の占領を事後承認しながらも、イラク人の生活の安定を治安面と経済面で回復させることを、連合国に義務づける内容を含んでいたのである。

戦後のイラク国民が最も対米反感を募らせるのが、この点における占領軍の義務不履行に対してである。戦後しばらくの間にイラクで実施された世論調査では、戦争の功罪については国民の判断が分かれるものの、占領そのもの、および占領期における米英軍の治安政策の無策さに対する批判では、多くの国民が一致している。本来治安回復のためにイラク国内に駐留しているはずの連合軍なのに、自国軍を守ることしか考えず、実際の危険地にはイラク人兵士や警官を派遣する。あるいはテロ発生現場近くに米英軍がいながら、被害者の救済に尽力しない。さらには、米軍そのものが攻撃の標的となるため、米軍の存在が治安悪化の直接の原因となった。それらのことは、「結局、米軍はイラクの治安を「あえて」悪化させて、その直接占領を長期化させたいのではないか」という、一種の陰謀論をイラク国内に蔓延させる結果にもなった。

この「連合軍の責務」は、二〇〇四年六月にイラク暫定政府に主権が委譲され、連合軍の軍事支配が形式的に終わって以降も続いた。主権委譲を国際的にオーソライズした国連安保理決議第一五四六号（二〇〇四年六月八日）は、以下のように定めている。

多国籍軍が、引き続きイラクの治安と安定の維持に貢献する用意があることを歓迎する。

つまり連合軍が担っていたイラク人の生活の経済上・治安上の安定確保は、連合軍と同じく米英を中心とする多国籍軍が担うものとされたのである。日本政府が、多国籍軍の一員として自衛隊をイラクに派遣したことはよく知られているが、この国連決議に即していえば、自衛隊はイラクの治安と安定の維持に貢献しなければならない。日本人のＮＧＯやジャーナリストの活動に限らず、イラク人一般の生命が危険に曝されるということは、すなわち国連決議に定められた責務の履行を、自衛隊を含めた多国籍軍が怠っている、ということになるのである。

### (2) 戦後イラクにおける被害者の増大

では、イラク戦争後のイラクで、どれだけのイラク人と外国人がその生命を脅かされてきたのだろうか。しばしば引用されるわかりやすい数値は、連合軍・多国籍軍の戦中と戦後の死者数である。四〇日間のイラク戦争で死亡した米兵は一四〇人で、連合軍全体では一日平均四・〇二人が死亡した。しかしその後二年半弱のイラク復興過程で死亡した米兵は、戦時中の一三倍近くの一七五七人(二〇〇五年九月十四日現在)にのぼっている。連合軍・多国籍軍全体では、開戦から上記の日までの間に二〇九四人が死亡した。

さらに、この多国籍軍の死者数を時期別に見ると、戦後時間が経つにつれて沈静化しているのではまったくない、ということがわかる。戦後の連合軍による直接占領期(二〇〇三年五月二日―二〇〇四年六月二十八日)には、連合軍の死者は一日平均一・八九人であった。しかし、主権委譲後のイラク暫定政府の成立から最初のイラク国会選挙までの期間(二〇〇四年六月二十九日―二〇〇五年一月三十日)には、多国籍軍の死者は一日平均二・九三人にのぼり、選挙後、移行政府が成立(二〇〇五年四月二十八日)してもその数字は二人強と、大きな減少は見せていない。このことは、戦後の再建が遅々として進まず、復興における欧米諸国への期待が失望に変わるにつれて、対米不信から反感に強まった証左であろう。

一方で、イラク国内での反米活動の激化を受けて、多国籍軍はますます、本来治安維持の責務を果たすべき前線から退き、イラク軍やイラク警察に現場を任せるようになった。その分、二〇〇五年以降はイラク軍、イラク警察の被害が増大している。旧体制下の治安警察や旧軍が解体された後、新たにイラク軍、イラク警察が設立されたが、本格的に活動し始めるのは二〇〇四年の主権委譲以降であり、以後二〇〇五年八月までに約二八〇〇人の警官が死亡した。特に移行政府が成立した二〇〇五年五月以降は、警官の死者は一日平均九―一〇人前後にのぼっている。

被害が大きいのは警察や軍のみならず、政府関係者や対米協力者、技術者や通訳などのイラク民間人にも及んでいる。二〇〇五年に入って、イラク厚生省は一カ月の遺体収容人数は、戦後平均八〇〇人にものぼっていると発表したが、特に二〇〇五年七月には一一〇〇人と、戦後最大数となった。その原因には、米軍による誤爆や誤射などやイラク新政府による政敵への攻撃もあるが、多くは反米勢力による対米攻撃に巻き込まれる、あるいは対米関係を疑われて殺害されたものであった。

また、戦後の新体制確立に抵抗する反政府勢力が、混乱醸成のために宗派、民族対立を誘発することを狙ったテロも、頻度は少ないが大量の死者を出す原因である。一回の攻撃で多くの死傷者を出すのはこうした自爆テロであるが、しかし攻撃件数で見ると自爆型の攻撃は全体の事件数の一割から二割に留まっており、大半の攻撃は、銃撃戦や路上爆弾の布置によるゲリラ戦であることは注目すべきだろう。

ちなみに、二〇〇五年五月に発表されたＵＮＤＰ（国連開発計画）の「二〇〇四年イラク生活水準調査」報告書では、「周辺での銃撃戦の頻度はどの程度か」という問いに対して、中部地域では四割、首都圏にいたっては六割が「毎日」と回答し、比較的治安が良いとされる南部ですら、「毎日」が三割強、「週に数回以上」となると六割にのぼっている。唯一、北部クルド地域だけで、「まったく銃声を聞かない」との回答が八割近くを占めた。

ところで、ここにも治安管理を任された米軍の責務不履行が批判されるべき要素がある。戦後のイラクで最も治安が悪化しているのは、アンバール県を中心としたヨルダン国境から続く中西部地域であるが、特に二〇〇四年五月以降、厳格な宗教的統治を求めるイスラーム主義者（主としてサラフィー主義者）が同地の反米抵抗運動の中核となった。この地域に居住するのは、スンナ派（一般にスンニ派と表記されているが、本稿では原語に忠実に、スンナ派としておく）イスラーム教徒のアラブ人であるが、元来イラクのスンナ派の間ではイスラーム主義はさほど強くなかった。戦後急速にサラフィー主義や、さらに厳格なイスラーム主義を主張するワッハーブ派がイラクで勢力を強めたのには、米軍の対イラク攻撃や占領を「イスラーム共同体への侵害」とみなす周辺国のイスラーム主義者が、戦後の混乱のなかで、サウディアラビアやシリア、エジプト、ヨルダンなどから流入してきたことがあろう。戦後の国境管理がまったくできていなかったこと——そうした重要な治安対策を、米軍が全くおろそかにしていたことが、イラク国内にスンナ派の反米イスラーム主義の活動拠点をつくり上げたのである。

さらに、治安悪化をもたらした米国の対イラク政策には、そのバアス党（アラブ・ナショナリズムを掲げる左派世俗政党で、一九六八―二〇〇三年までイラクの政権与党）対策の失敗と、イラク新体制づくりを米側の都合で準備不足のまま急ぎすぎたという問題がある。これについては次節で述べよう。

### (3) 外国の行なう経済復興の失敗

一方、治安とともに連合国・多国籍軍に義務付けられた「イラク人の福祉の促進」については、どうか。戦後二年を経て、いまだ電力、浄水、燃料供給などの基礎インフラが復旧していないのが現状である。先に挙げたUNDPの報告書では、調査対象の八割、すなわちイラク全体では三二〇万世帯以上にあたる数の人々が、「電力供給が不安定である」と回答している。特に最も人口の集中する首都圏でそれはひどく、首都住民で安定的に電力供給を受けていると回答したのは、わずか四%に過ぎない。その電力事情は二〇〇五年に入ってからも、改善されるどころか悪化している。四月半ばの一日平均発電量は三五一七メガワットしかなく、湾岸戦争以前の九〇〇〇メガワットはおろか、イラク戦争直前の四四〇〇メガワットにも及ばない。四月の通電時間は、米国務省の発表では一日平均八・五時間で、前年六月の一二―一四時間から激減している。

飲料水についても、UNDPの報告は、全国的に四割前後の住民が安定的な飲料水の供給を得られていない、と指摘しているが、さらに二〇〇五年に入って上水道に対する破壊活動が頻発し、特に六月半ばに中心的な給水ステーションに大規模な被害が出て以降、危機的な状況に至った。七月始めのAP通信による報道では、バグダードでの浄水量は五億四四〇〇万ガロンに達したが、これは需要の六割にも満たない。また生産量の五五%が、水道管の劣化・破壊で漏水している、とされている。

また失業率も相変わらず高く、公式発表では三〇%とされているものの、実態としてはもっと高いだろうとの報道が少なくない。UNDPの報告では、全国平均の失業率を一八・四%としているが、首都だけ取り上げれば二二%に、また一五—二四歳の失業率は三三・四%に跳ね上がっていることを見れば、首都および若年層での失業の深刻さが推察できる。こうした若年層の経済的喪失感が、社会的不安定化と政治的過激化につながることは容易に想像できる。

さらに同報告によれば、二〇〇三年の家計収入の平均は二五五ドル、一人あたりのGDP（国内総生産）は五五五ドルで、後者はヨルダンのそれと比較すると四分の一を僅かに上回る程度でしかない。貧富格差も拡大しており、所得配分の不均衡を示すジニ係数が二〇〇三年の〇・三五から二〇〇四年には〇・四一五に上昇している。

ちなみに、自衛隊が派遣されているムサンナ県はどうであろうか。もともとイラク国内で最も過疎に悩む、経済資源のないのがムサンナ県であるが、UNDP報告書を見れば、同県の全国最低の経済社会状況にはさほど変化がないようである。「応急処置用の医療機関に行くのに時間がかかる」、「失業率（特に若年層）」、「小学校就学率」、「識字率」、「安定的な飲料水供給」、「下水道設備」、「住宅事情（一部屋あたりの居住者数の多さ）」、「家計収入」、「家財道具の所有率」といった項目で、ムサンナ県は全国最低レベルとなっており、これらの分野での日本の「人道的貢献」の効果は、少なくとも二〇〇四年一年間には数値に表われていない。

こうした経済的停滞の多くは、米国主導の経済復興支援政策の失敗に帰することができる。米政権はもともと水・電力回復に三六・五億ドルを投入すると約束していたが、二〇〇四年に治安の悪化を深刻視して、うち一〇億ドルを治安対策に振り当てるよう、政策転換した。国際社会から公約された復興資金が実際には支払われていない、という問題は各方面で見られ、イラク中央銀行エコノミストのムディール・カースィムは六月、「米国以外の日本やEUから支払われるべき一五〇億ドルの、九五％がまだ支払いを実施されていない」と述べている。

実際に支払われたとしても、その使途については不明瞭性が指摘されており、NGO「トランスペアレンシー・インターナショナル」が二〇〇五年四月に公表した報告書は、「戦後のイラク復興事業をめぐって汚職がはびこり、史上最悪のスキャンダルとなる危険性がある」としている。こうした腐敗・汚職は、イラク政府関係者による贈収賄のほか、ハリバートン社に代表されるような米政権とつながりを持つ米企業による、復興事業の優先的受注、過大な利益上乗せなど、多岐にわたり蔓延している。こうしたことによって、復興資金が適切な形で事業に投下されていないことが、戦後の経済停滞の最大要因だろう。

## イラク戦争後の「新体制」が何をもたらしたか

### (1) 米軍が駐留することの政治的意味

ところで、戦後のイラクで米軍をはじめとする外国軍、あるいは外国人全般が抵抗勢力の攻撃対象となっている理由は何であろうか。植民地統治から脱却して独立を確保した第三世界の常として、外国による再支配を徹底的に嫌い、独立を死守しようとする国民感情は、ある意味で自然である。また、いかに占領軍との共存に抵抗のない地域、集団であっても、占領過程で発生するさまざまな侵害――不当逮捕や拘束、生活空間の侵害、強制接収など――を経験するなかで、駐留外国軍に対する激しい反発を抱くことは、十分理解できる。

そうした一般的な反占領ナショナリズムに加えて、なぜ米軍が特に反発を受けるのか。しばしば指摘されるように、中東地域で反米意識が強いのは、アラブおよびイスラーム諸国の、米国の対中東政策に対する激しい批判に起因する。その根幹をなすのはパレスチナ問題であり、米国のイスラエルに対する過度な支援姿勢が、アラブ諸国に強い不公平感を抱かせている。イスラエルに対する米の軍事支援によって、占領地のパレスチナ人が日々、生命の危険に曝されている、という認識が、アラブ諸国の大衆の間に広がり、対米攻撃を正当化するものとなっている。

また米国は、第一次大戦期には「民族自決」原則を掲げて、第三世界の西欧の植民地主義支配からの独立を推奨したにもかかわらず、エジプトのナセル率いるナショナリズム政権（一九五二―七〇年）に代表される共和制アラブ諸国とは対立し、反対に石油資源の確保の必要から、封建的王政であり保守的イスラーム主義を採るサウディアラビアを、親米国として支持し続けてきた。こうした米国の中東政策の矛盾と不公正が、アラブ世界全体に反米意識を醸成してきたのである。

それに対して、アラブ諸国での日本のイメージは、どちらかといえば中立的なものであった。中東に植民地支配の経験を持たないこと、イスラエルと特殊な関係を持たないこと、中東の石油に依存せざるを得ないという日本の国益の純商業性が、「日本は中東への政治的・軍事的野心を持たない」という日本のイメージを定着させてきたのである。さらに、一部の対米批判的な知識人の間では、米軍に核攻撃されたという日本の立場を斟酌《しんしゃく》して、米国の軍事政策の被害者どうしという連帯意識を抱く者も多い。

むろんこのアラブの対日認識には、日米間の安保条約関係という政治的現実が抜け落ちていることが多いのは確かだ。また、中東で「手を汚していない」ことにのみ日本のポジティヴな側面を見る一方で、軍国主義時代の日本のアジアにおける行為をどこまで把握しているか、疑問である。しかし、日本が官民ともにこれまで、こうした欧米と異なる日本の立場を対中東関係の構築のなかで喧伝してきたことは確かである。その意味では、日本がはじめてアラブ諸国に「部隊」を派遣したという事実が、「欧米との違い」という従来の日本のポジティヴな立場を損ねたことは、容易に想像できよう。

中東に政治的・軍事的野心を持つ欧米とは異なる存在として日本をみなしてきた中東諸国が、日本に期待するのは、その相違からくる役割である。「米国による被害者どうしの連帯」という対日期待がアラブ知識人の一種の希望的観測であるとしても、少なくとも米国の支配のもとで戦後の経済再建を達成してきた、という日本独自の経験を、アラブ諸国、特にイラクという現在米軍の支配下におかれた国の復興に生かしたい、という期待は、イラク人一般やイラク新政府の間に強い。米政権の独善的な復興政策とは異なる「別の復興の道」を日本に提供して欲しい、あるいは、「対米友好国」である日本から米国に働きかけて、その対中東政策の改善を促して欲しい、という対日期待があるのだ。

多国籍軍の一員として「戦後イラクの福祉の促進」を求められた日本が果たすべき責任は、こうしたイラク人、イラク新政府の期待に応えることなのではないだろうか。

## (2) 駐留外国軍の非中立性

駐留外国軍が常に「占領軍」として攻撃の対象となる原因として、さらに指摘できるのは、その非中立性である。そもそも、現在駐留する多国籍軍は、連合軍という紛争＝イラク戦争の一方の当事者であり、紛争主体と別の主体から派遣された国連平和維持軍のような軍隊とは、まったく性格を異にしている。

そのこと以上に、米軍が戦後イラクでの治安維持に中立的ではないとみなされる原因に、米政権の亡命イラク人に対する過度の依存があろう。イラク戦争開戦以前から、ブッシュ米政権は湾岸戦争以来接触を続けていた在外の反フセイン勢力と密接な連携をとり、戦後のイラク新体制をこうした亡命イラク人政治家中心に確立していった。亡命イラク人が基本的に反フセイン色をかなり明確に持っていたことから、戦後のイラク統治では、フセイン政権参与者を新体制から排除する方針がとられた。

だがそのことは、必ずしもフセイン政権に絶対的な忠誠を持っていたわけではない旧体制の諸機関をも、新体制から排除する結果を生んだ。具体的には、旧軍および旧与党のバアス党の解体と戦後政治からの排除である。イラク軍においては、オスマン帝国以来伝統的にスンナ派、特に中西部アンバール県や北部ニネヴェ県、中部サラハッディーン県出身者に、軍将校としての道が開かれてきた。開戦時にイラク軍は四〇万近い兵員、将校を抱えているといわれていたが、CPAは二〇〇三年五月末、これを解体し、失業した軍人が路頭に迷うこととなった。またフセイン政権時代の与党バアス党に対しても、幹部党員三万人規模を公職追放した。

こうした米軍の戦後処理の結果、失業した軍人や旧党員を中心に反米、反政府感情が生まれ、その苦情に対処できない米軍統治に対する攻撃が開始された。二〇〇四年六月に成立したアッラーウィ首相率いる暫定政権は、ある程度旧軍人、旧バアス党員に対する宥和政策を打ち出したが、二〇〇五年四月に成立した移行政府は逆に、シーア派イスラーム主義勢力とクルド民族主義勢力という、反フセイン色の強い二大勢力が主流を占めることとなったため、これらの旧政権派をさらに反政府方向に追いやる結果になった。ここに、中部スンナ派地域に多く居住する旧政権参与者と、旧政権に徹底的に反発する新政府側の間で、激しい対立が発生したのである。

暫定政権成立時、国連は米英の方針と異なり、旧政権下のテクノクラートを重用して政治対立を回避することが肝要、という方針を主張した。しかし実際の暫定政権組閣において米政権は、そうした国連の復興方針を省みることがなく、予定通りに政治日程を進めることだけを重視した。こうした米政権の拙速なやり方は、イラク人政治家どうしの政治対立を助長することとなったのである。

ちなみに、シーア派イスラーム主義勢力とクルド民族主義勢力が中心となる移行政府は、現在クルド地域と南部シーア派地域での復興を先行させる、イラク分断化傾向を強めている。特にシーア派イスラーム主義勢力は、戦後の政体にイスラーム統治色を打ち出し、一部の政治勢力は、イランと密接な関係を生かした活動を展開している。その代表的な存在であるイラク・イスラーム革命最高評議会（SCIRI）は内務省を掌握し、一九八〇年代以降二十年にわたるイラン亡命期間中にイランの支援を得て軍事訓練を施した反フセイン武装勢力を、そのまま戦後の治安警察に起用している。そのため、宗派を問わずイランの対イラク内政干渉を嫌うナショナリストの反発を呼ぶ結果を生んだ。

### 伝える者の責任――おわりに

以上で明らかになったことをまとめれば、以下のようになろう。イラク戦争後のイラクの治安は、「誰も責任が取れない」状態ではなく、国連決議で明白に米英などの連合軍、およびその後は多国籍軍に、その治安維持の責務が求められていた。治安上も経済的にも、連合軍・多国籍軍がこの責務を果たしていないことが、イラク国内の治安悪化を野放図なものとした。もともと米政権の対中東政策が歴史的に中東地域で不信感、反感をもたれていたことで、米軍の駐留は特に反感をもたれたが、とりわけ米軍が戦後の国境管理を熱心に行なわなかったことから、イラク国内の反米勢力のみならず、アラブ、イスラーム諸国から多数の反米勢力がイラク国内に流入し、イラクは対米攻撃の拠点と化した。さらに、米政権が戦後復興に際して、イラク国内の住民の意向よりも亡命イラク人の起用を重視したことから、米軍の存在は中立であるどころか、シーア派イスラーム主義勢力やクルド民族主義勢力といった、一定の政治志向を持つ勢力に加担した存在とみなされることとなった。その結果、新政府および米軍と、旧体制に参与したスンナ派住民、特に軍人やバアス党員との間に、激しい政治対立が固定化されたのである。

そして日本もまた、こうした政治対立のなかで中立的な存在ではありえず、米軍とともに多国籍軍に参加したという事実は、欧米と異なり中東に軍事的野心を持たないと思われていたこれまでの日本のイメージに影を落とす結果となっている。

さて、ここまでイラクの治安悪化における米国および多国籍軍の「責任」を問うてきた。しかし、最後に別の側面での「責任」について、触れておきたい。それは、メディアや中東専門家、あるいは学者や評論家など、イラク情勢を伝える者の「責任」である。これは、二〇〇四年十月にイラクで殺害された邦人旅行者の事件において、とりわけ深刻だろう。イラク情勢がどのように混乱し、戦後統治がいかに失敗しているかということを、日本のマスコミや知識人が一般の旅行者に対して、どれだけ正確に伝えてきたのか、が問われるべきではないか。特に殺害された旅行者が、中東地域の政治認識としては基本中の基本であるところの、「イスラエルに入国記録を持つ者がアラブ諸国に入国することは多くの場合禁じられている」という「常識」を把握できていなかったことは、メディアや教育に携わる者がきちんとその「常識」を知らしめる努力をしていなかったことに責任があるのではないだろうか。

そもそもイラクにおける戦後復興については、米政権はそれを「成功」という枠でしか伝えようとしない。それは自らが率先した戦争の大義に関わることであり、いずれ「撤退」する際に、抵抗勢力によって「追い出される」のではなく「名誉ある撤退」という形をとるためには、「イラクでの政治的正常化に成功したから撤退する」という報じ方をするしかないためである。

そうした事情を反映して、ブッシュ米大統領のイラクに関する発言は、イラク情勢を客観的に反映したものとはほど遠い。最も露骨なのは、二〇〇五年六月末の、イラク主権委譲一周年を記念した演説である。そこでブッシュ大統領は、以下のように述べた。

われわれはイラクで自由な国づくりを手伝っている……中東でより幅広く自由を推進している……暴力と不安定の源を断ち、子孫の代に平和の礎を残そうとしている……。われわれは道路を改善し、学校、医療クリニックを修復している。衛生管理、電力、水供給などの基礎的サービスを改善するよう働いている。……イラク政府がイラク市民によりよき生活を提供できるように、協力している。

このとき、現実には先に記したような治安状況であり経済状況であったから、この演説の矛盾は明白であろう。さらにこの演説に先立ち、移行政府のジャアファリ首相が訪米した際にブッシュは、「ジャアファリ首相は偉大なる愛国者で、解放を愛する者であり、平和と自由の強力な立役者である」と絶賛している。だがジャアファリが率いるダアワ党が、一九八〇年代にはイランに活動拠点を置き、クウェートの首長に対する自爆テロ事件を起こした「イスラーム原理主義組織」として米政権から危険視される政党だったことは、ここではすっかり忘れられている。むろん、同じ頃ラムズフェルド国防長官がイラクを訪問してサッダーム・フセインと握手をし、歴史的な米・イラク間国交回復を行なったことも、米政権が忘れ去りたい史実である。

こうしたイラク情勢に関する米政府のバイアスのかかった広報をそのまま鵜呑みにせず、いかに客観的で正確な現状分析を行なうかに、メディアと知識人の責任がある。しかし残念ながら、多くのメディアはそうした米政府の発言、行動に即してイラク報道を行なう傾向が強い。それは、ある意味で日本のイラク報道の多くが、アメリカの報道の延長だということでもある。自衛隊のイラク派遣がイラクに対する貢献ではなく、対米協調・追随を目的としたものであるのと同様、日本の対イラク報道もまた、イラクそのものを報ずるというよりは、日米関係をどう捉えるかという議論の材料としてイラクを取り上げている、という側面を見て取ることができる。あえて言えば、イラクでの日本の貢献をプラスに評価する論調も、「反米」を言うためにイラクでの米政権の失政を強調する論調も、いずれも対米関係の重要性や問題点を浮き彫りにするためのものであり、「イラク」は日本の対米認識を論ずるための「ダシ」でしかないのである。

そのような、主体＝イラク不在の議論を超えて、いかに真摯に日・イラク関係を考えていくか、われわれ知識人の姿勢もまた、反省されるべきであろう。

# イラクで考えたこと

相澤恭行

二〇〇三年、「イラク国際市民調査団」「人間の盾」などに参加し、バグダッド陥落までイラクに滞在。帰国後は各地で講演活動を続け、NPO法人「ピースオン」を設立する。イラクの現地スタッフとともに、福祉施設などへの支援活動・文化交流を行なっている。

**イラク人質事件の衝撃から三人の解放まで**

「あれっ、高遠さん？」「相澤さんですか？」

日本中を震撼させたイラク邦人人質事件からわずか五日前、高遠菜穂子さんと出会った。一カ月半にわたるイラク現地での活動を終え出国し、隣国ヨルダンの首都アンマンの安ホテルにチェックインしたところ、これからイラクに向かうという彼女と偶然同宿だった。顔を合わせたのは初めてだったが、お互いNGOとして何度もイラクに入り活動しているどうしなので時々連絡は取り合っていた。彼女はストリートチルドレンの支援、私は障害者福祉施設に通う子どもたちのスクールバス支援や文化交流活動が中心と、活動内容は違っていたが、復興から取り残される人々の声に耳を傾け、小規模ながらも市民どうし直接のつながりと対話を大切にする草の根支援という点では共通している。ロビーでは彼女とイラクについての四方山《よもやま》話に花を咲かせ、空港に向かうタクシーに乗り込んだ私に彼女は、「次はバグダッドで会いましょう!」と微笑み手を振ってくれた。

帰国からわずか三日後、ブラウン管に映る彼女を見たときは戦慄した。己れの姿が重なるような既視感によろめいた。バグダッド出発の二日前、ファルージャで民間軍事企業の米国人四人が惨殺されるという事件があったとき、「米軍の報復が始まる……」とつぶやいたイラクの友人の声が甦る。(二〇〇四年)四月五日、犯人の引渡しに応じないという理由で始まった米軍のファルージャ侵攻が一連の外国人拘束事件の背景であった。私の出国があと数日遅れていたらと考えると、目隠しをされ跪《ひざまず》いていたのは自分であった可能性は否定できない。ちなみにバグダッドに向かう高遠さんたちがファルージャ周辺で拘束された日の前後、私の知人も何人か、同じくタクシーで同じ道路を通過していた。彼女たちは運が悪かったとしか言いようがない。

眼前の映像に呆然とする間もなく、同じイラク支援関係者ということでマスコミ各社の対応に追われながらも、事務所ではほぼ徹夜体制でイラク人スタッフと連絡を取り合い人質解放への糸口を探り続けた。最終的に全員が無事解放されたのは、日本とイラクの市民どうしが連携したことが大きく奏功したと思う。事件発生直後から、日本の市民団体、NGOなどが中心となって、高遠さんがこれまでイラクの子どもたちのためにやってきたことをアル・ジャジーラなど中東のメディアを通じて訴え続けた。またバグダッドでは高遠さんの友人のイラク人が一斉に立ち上がった。日本から送られてきた彼女のイラクでの活動写真などのデータを抱えて、地元メディアを駆け回り、最終的に人質の解放交渉を成功させた地元のスンニ派有力組織であるイラク・イスラム宗教者委員会にも直接足を運んで三人の解放を訴えた結果、犯行グループにメッセージが伝わったのではないかと思っている。これは高遠さんの活動が現地の人々に理解されていたことを表わしており、彼女がこれまでイラクでやってきたことが彼女自らを救ったとも言える。

## 自己責任論と、もの言えぬ空気

さて、イラク人現地スタッフとともに解放の一報を喜び合ったのも束の間、われわれは当時日本中を席巻したいわゆる「自己責任論」バッシングに直面することになった。イラクのような危険地域で活動を続ける限り、その行動によって引き起こされた結果についてはすべて自分で責任を負うというのは至極当然のことである。その「自己責任」に「論」が付いたものがいったい何ものなのか、初めはよくわからなかった。読めば「そもそも政府が退避勧告を出しているような危ないところに行った人間が悪い。迷惑だ」という論調で、要するに「お上に逆らうのはけしからん」ということだろうか。それにしても人質の命がどうなったかまだわからない段階で、一部政治家、マスコミが「自己責任論」を振りかざし、人質を非難する方向に世論を形成しようとしていたのには仰天した。

イラクで外国人が占領に抵抗する集団に拘束され、人質の交換条件として外国軍の撤退をテレビで呼びかけるなどということは、これまでなかったことである。「〝なぜ〟イラクがこうなってしまったのか」という、極めて深刻な国際問題として議論されるべき事件ではなかっただろうか。もちろん危機管理は十分だったかなど、危険地域で活動を続ける際の安全対策などは大いに議論されてしかるべきだと思う。しかしこの国では、そうした論点を一つひとつ分けて丁寧に議論するという作業を放棄し、「〝なぜ〟行ったのか、行かせたのか」という感情的な反応ばかりが目立つ国内問題に矮小化され、残念ながらその醜態を世界に晒す結果となった。

また、「ふだん政府に反対しているのに、こんな時だけ助けを求めるとは都合よすぎる」という論調も多かった。しかしいかなる思想の持ち主だろうが国民保護は政府の義務のはずだし、ましてや決して人質本人たちが政府に命乞いをしたわけではない。ご家族は犯行グループの要求どおり自衛隊の撤退を政府に求めた。取り乱して訴えるシーンばかりを繰り返した報道の仕方もどうかと思うが、あのような人質映像を見せられた上に、さもなければ七十二時間以内に人質である娘や息子を殺害すると言われたのである。自分の身になって考えてみれば、助けを求めて当然ではないだろうか。そしてある日突然ご家族が謝罪し口を閉ざしたことに象徴されるように、何やら自由にものが言えない空気が醸成された。私のところにも、マスコミ対応などで自分の露出度が上がるたびに苦情のメールや電話が殺到した。「お前らのようなのがいるから政府に迷惑がかかる。やめてくれ」といった類のものが中心で、意味不明の罵詈雑言も多く、自ら氏名を名乗らないものがほとんどで不気味だった。こうしたバッシングに晒されることを恐れて、口を閉ざしてしまう人も多いのではないだろうか。街頭での自衛隊撤退を求める署名活動をしていたという方から聞いた話だが、拘束直後はかなりの勢いで署名が集まっていたのに、ある日大新聞の社説で「自己責任論」が展開されてからは極端に減ったという。私の周りでも、とりあえずイラク関連からは身を引くという人が現われたのもこの時だった。

何となく関わり合いにならないほうが無難というような空気が、今日におけるファシズムの萌芽を胚胎させるのではないだろうか。もはや根は深く張り巡らされ、地下茎も相当に肥大しているのかもしれない。きっといつの時代も、ファシズムというのはある日突然現われるのではなく、毎日せっせとわれわれ一人ひとりが水を与えて育てているのだろう。

このように、自己責任の名の下に、ただでさえ弱い立場に陥ってしまった人々を、さらに追い込むような世論が生まれる社会、他者の苦しみに対する想像力、そして思いやりを欠いた社会に生きているからこそ、遠くの国で苦しむ人々に対しても、無関心でいられるのだろうか。自己責任を理由に人質を非難するのならば、イラクの人々に対する自らの責任についてはどうだろう。そもそも退避勧告を何度も出さなければいけないほど現地の治安が悪化した原因、外国人が次々と人質に取られてしまった原因、イラクの人々をここまで追い込んでしまった原因は何なのか、考える必要はないだろうか。

## 背景としてのファルージャ

当時の人質事件の背景には、前述したように米軍によるファルージャ侵攻があった。侵攻の引き金となった事件で殺害された四人の米国人は民間人として報道されたが、彼らは民間軍事企業に勤めるいわゆる傭兵であった。二〇〇五年五月に殺害された斎藤明彦さんの事件で日本でも注目されるようになった傭兵は、現在イラクに二万人以上いるという。現地の人間から見れば、入ってくる外国人が一般市民か戦闘員かスパイかは見分けがつかなくなってきている。こうしたいわゆる戦争の民営化も、当時の一連の外国人拘束事件の原因の一つであろう。例えば三人の後に拘束されたジャーナリスト安田純平さんによると、彼らを拘束していたグループは地域の部族どうし連携をとって行動する一般の農民であり、外国人スパイや傭兵の立ち入りを封じるためという自衛策として彼らを拘束していたようだ。その証拠に、彼らが武器を持っていなかったということが解放の決定要因になっている。決して一部のテロリストの狂気の沙汰と言って片付けられるものではなく、一般市民をも巻き込んだ抵抗運動の一つだったと認識する必要があるだろう。

当時イラク人の合言葉は、「ファルージャを救え」だった。掃討作戦の名の下に完全包囲され七〇〇人以上もの一般市民が殺されたとも伝えられている。五月に一時停戦となった隙に私もファルージャ総合病院へ医薬品の支援を行なった。破壊の限りを尽くされた町のなか、米兵が占拠していたという民家にも案内されたが、荒らされた寝室の鏡台には海兵隊の残した落書きがあり、屋上には不発弾を含む各種弾薬が散乱していた。隣の家では逃げ遅れた親子が殺されたという。一家の主は、「これを誰が片付けてくれるのだ。一体誰の責任なのだ」と憤りを露わにしていた。沖縄の米軍基地からも大勢の海兵隊がこの侵攻に参加していたわけである。「思いやり予算」と称して年間二〇〇〇億円以上の税金を駐留米軍につぎ込んでいるわれわれ日本国民も、間接的にせよこの責任の一端を担っているのは間違いない。

## 香田証生さん

残念ながら、その後のイラク情勢は坂道を転げ落ちるように悪化した。私も二〇〇四年八月以降は現地スタッフからもイラク入りを止められていて、隣国から支援を継続している状況である。外国人拉致事件も四月の時点では地元の抵抗勢力が中心だったが、その後は外国人勢力などさまざまな勢力が入り乱れて凶悪化し、同年十一月には日本人旅行者の香田証生さんが殺害された。このときもイラク人スタッフなど現地協力者が解放を目指し奔走してくれたが、四十八時間という期限はあまりにも短すぎた。彼と直接の面識はない。しかしこのときもまだ安否がわからないうちからやはり自己責任だと突き放す声が多く、残念に思った。報道によると、香田さんは「イラクで起きていることを自分の目で見てみたい」とも言っていたらしいが、それは私がイラク開戦前に初めて現地に行ったときの目的と同じであり、深く共鳴する行動の原点だ。誰かが行かなければ何もわからないのだから。彼は結果的に時期と方法を誤り、「死」という取り返しのつかない失敗に至ったわけだが、何ごとにも、たとえどんなベテランだって、初めはあるし失敗もある。今でこそ私もイラク人スタッフとの綿密な情報交換により十分な安全管理ができているが、初めてのときは現地の知り合いなど誰もいなかった。失敗からしか学べないことは多い。日本は以前より失敗を許容できない社会になっているようだ。若者が失敗やバッシングを恐れて挑戦することをやめてしまうような社会に、果たして未来があるのだろうか。

### 自衛隊イラク派遣の危険性

香田さんのときも解放の条件は自衛隊の撤退であった。やはり自衛隊のイラク派遣は決定的違憲であるだけに留まらず、これまで日本とアラブ社会が築いてきた信頼関係を根底から破壊してしまう危険性を持っている。もともとイラク人は驚くほど親日的であった。ヒロシマ・ナガサキへの同情から、ここまで経済的に復興したことへの驚嘆から生まれる畏敬の念。そして一九七〇から八〇年代にかけて多くの日本企業がイラクの高速道路などインフラ整備に関わった際に知ったという日本人の仕事ぶり、礼儀正しさ、などが大きく評価されている。私も訪れるたびに彼らの親日振りには驚かされるのだが、自衛隊を派遣してからというもの、明らかにその風向きの変化を感じている。「なぜアメリカと一緒に軍隊を送るのだ」と詰め寄られることも少なくない。まだまだ大方のイラク市民は親日的であると思うが、占領に抵抗する人々にとっては、敵の味方は敵の論理で、日本はもう完全に敵国と見なされている。そもそも人道支援とは相手を信頼して丸腰で行なうのが基本である。占領軍と一体としか見られていない武装組織が人道復興支援をすると宣伝した結果、中立性の原則は完全に打ち砕かれ、「日本からの支援などいらない」と断られるなど、われわれ民間の支援活動にも大きな影響が出始めている。

香田さんは星条旗の前で殺害された。日本はアメリカと同じだという強烈なメッセージである。このままアメリカについていくことにより発生するリスクを真剣に考えるべきではないか。自衛隊撤退を含めてこれまでの政策を根本から見直すことがなければ、イラクに限らず世界のいたるところで香田さんの悲劇が繰り返されるかもしれない。

## 私たちの戦争責任

このような民間人を対象にした人質殺害事件は決して許されることではないということに異論はない。しかしこれはすべて占領軍がこれまでイラクで行なってきたことの残虐性が凝縮された形で跳ね返ってきているということを忘れてはならない。一昨年（二〇〇三年）の開戦からイラクの民間人の死者が一〇万人を超えたという報道もある。やはり問題の解決を戦争という暴力に訴えた結果の代償はあまりにも大きい。もはや軍事力にものを言わせたアメリカ主導のイラク復興政策は完全に破綻している。米軍主導で抵抗勢力の掃討作戦を強化すればするほど、その反動として各地で抵抗勢力の攻撃が激化し、結果として民間人が次々と犠牲になっていくという悪循環。占領軍が守っている治安よりも、占領軍が存在することによって悪化する治安のほうがはるかに深刻なのが現実である。9・11アメリカ同時多発テロをきっかけに始まった「対テロ戦争」は、テロを封じ込めるどころか、新しいテロを拡大再生産しているだけであり、その脅威の足音は、ひたひたと世界中に広がりつつある。

ファルージャへの総攻撃は香田さんの事件直後にも繰り返された。人口三〇万人のうち二〇万人以上の市民が避難民となり、一説では六〇〇〇人を超える死者が出たともいわれる。こうした悲劇の数々、そして今日も続くイラクの混沌も、破綻したアメリカの占領政策、そして結局は存在しなかった大量破壊兵器保有の疑いだけで国際的合意のないままに始めてしまったあの先制攻撃に行き着く。私はイラク戦争中「人間の盾」最後の仕事として、地上戦の犠牲となったイラク人の民間人の遺体収容を手伝った。飛び散った四肢や内臓など破壊された身体を前に頭を抱える家族らの嗚咽と慟哭が、全細胞が拒絶する死臭とともにいまだに記憶にこびりついている。偽りの大義による戦争で虫けらのように殺されていった数万人のイラク人に対する米英政府の責任はあまりにも重い。そしてその戦争を支持し政治的にも経済的にも加担している日本政府はもちろん、結果的にその政府を容認してきた私たち日本国民一人ひとりの責任も重いのではないだろうか。われわれはこの戦争に加害者として関わっている。これは現代の戦争責任ではないか。

高遠さんたちは、政府の退避勧告という権力側からの要請よりも、人間としての心の要請に従うほうが大切と考え、命を失うかもしれないというリスクを引き受け、イラクでその責任を果たそうとした。そしてわれわれのその責任を一身に背負い亡くなっていった香田さんの苦しみはいかばかりだったろうか。今こそその痛みを、私たち一人ひとりが想像し、彼の死が投げかける意味を考えるときではないだろうか。

## お互いの未来のために

「自己責任論」をきっかけに、草の根のＮＧＯの活動が萎縮するようなことがあっては、イラクと日本、両者の未来にとって非常に不幸なことだと思う。国家レベルの関係を超え、人と人との心のふれあいをもとにした、まさに君と僕という繋がりから生み出される信頼関係。規模は小さいが、お互いの未来を考えれば、とてつもなく巨大な可能性に満ちた関係性を積み上げている途中なのだから。イラク人はこうした拉致事件や連日の爆破事件などしか報道されないのを、実に悲しく思っている。戦火のなかにも、日常の生活があり、子どもたちの笑顔があり、メソポタミア文明から滔々と流れる豊かな歴史、文化、芸術があるということを、世界の人々に知ってほしいと思っている。そうした声を、そしてイラクの本当の姿を伝えていくためには、こうした小さなＮＧＯをはじめとする市民どうしの直接の繋がりが必要なのだ。私はいつも支援に行くたびに、逆にこちらが支援されているのではないかと思うほどの元気をもらってくる。彼らはわれわれが戦後どこかに置き忘れてきてしまったもの、人間として生きるために、本当に必要なものを、まだまだたくさん持っている。イラクの豊かな文化を学ぶことは、年間三万三〇〇〇人を超える自殺者を出すほどになってしまったこの国の病を癒すことにも繋がるかもしれないのだから。

# 政府・与党が誘導した自己責任論

久保　亨

今回の事件の一つの特徴は、「被害者の自己責任」という奇妙な論理が、さまざまな場面で魔法の呪文のように繰り返し用いられ、本来、自国民保護に当たるべき人々の責任を覆い隠す作用を果たしたことにあった。自国民保護の責任を負うべき人々とは誰か。いうまでもなくそれは外務省を中心とする日本政府当局であり、小泉首相をはじめその行政責任を担った人々である。

そもそも今回のように国民の生命が危機にさらされた事件の場合、責任という言葉は、政府が果たすべき国民保護の責任という意味で用いられるのが普通である。後に述べるように政府当局者たち自身、そのことを百も承知していた。にもかかわらず、政府の責任ではなく、人質となった人々に対して「自己責任」を問うという逆立ちした論調が、急速に蔓延した時期があった。

その「自己責任」という論理自体の問題は別稿で扱われる。本稿で問題にしたいのは、「自己責任論」が生まれた過程である。それは決して偶然に生まれたものではなく、明確な政治的意図のもと、政府・与党の主導によってつくられたものであった。

## 「自己責任」論の形成過程と日本政府

事件発生直後から、政府・与党の間には、人質被害者の行動を問題視する議論が広がっていた。早くも（二〇〇四年）四月八日夜の記者会見で、福田康夫官房長官（役職名は当時のもの。以下同様）は、「何が起こるかわからない」ので「イラクに入らないよう邦人に要請してきた」と語り、政府の退避勧告に従わずイラク入りした人質被害者の行動を問題にする姿勢をにじませている（『読売新聞』二〇〇四年（以下、すべて年は省略）四月九日）。閣僚の一人、小池百合子環境相は、九日の閣議後、もっとあけすけに「（三人は）無謀ではないか。一般的に危ないと言われている所にあえて行くのは、自分自身の責任の部分が多い」と語った（『読売新聞』四月九日夕刊）。閣議で交わされた議論の雰囲気と水準がうかがえる発言である。また同日に開かれた自民党の役員連絡会でも「退避勧告を無視していったNGO関係者にまで、責任を持たなければならないのか」との意見が飛び出したという（『朝日新聞』四月九日夕刊）。

以上のような政府・与党関係者の議論を増幅させる役割を果たしたのが、一部マスコミの報道姿勢であった。事件発生から二日も経っていない四月十日付社説ですでに三人の行動を「無謀」と非難していた『読売新聞』は、十三日付の社説ではさらに明確に「自己責任の自覚を欠いた、無謀かつ無責任な行動が、政府や関係諸機関などに、大きな無用の負担をかけ」たとし、三人は「深刻に反省すべき」だと断じた。『産経新聞』の四月十日付コラム「産経抄」も人質被害者三人の「無謀かつ軽率な行動」に批判の矛先を向けている。このように被害者の「自己責任」に焦点を合わせた論調は、『読売新聞』や『産経新聞』に限らず、他のマスコミでも広く見られるようになった。

国外にいる日本人保護の責任官庁である外務省の場合、さすがに当初の対応は慎重であった。外務省設置法第四条第九号に同省の所掌事務の一つとして「海外における邦人の生命及び身体の保護その他の安全に関すること」が明記されていることを、よく承知していたからである。四月十一日以前の段階で、外相ないし外務省幹部が公式の場で人質被害者の「責任」に言及した記録はない。しかし以上に引用したような政府・与党関係者の発言と一部マスコミの報道に励まされたかのように、四月十二日、事務方のトップである竹内行夫事務次官が記者会見で次のような見解を明らかにした。「日本の主権が及ばない所では（日本人の）保護に限界があるのは当然だ。自己責任の原則を自覚して欲しい」（『読売新聞』四月十三日）。「外務省は今年に入ってイラクからの退避勧告を一三回出している。ぜひこれに従ってほしい。非政府組織（NGO）も同様だ。……（外務省としても）NGOの役割を重視しており協力関係もあるが、安全・生命の問題となると、自己責任の原則を自覚して、自らの安全を自ら守ることを改めて考えてもらいたい」（『朝日新聞』四月十三日）。こうして政府内における在外日本人保護の責任官庁である外務省の当局者自身が、公然と「自己責任論」を展開するにいたった。

自己責任とは、本来、近代法の基本原則の一つであって、人は自分の負うべき責任のみを負い、他人の責任まで負うことはない、ということでしかない。つまり一人ひとりの国民が負うべき負担の範囲を限定するために用いられる「自己責任」という言葉は、元来、国民に対して政府が負っている生命および身体の保護という重大な責任とは、まったく異なる次元の概念である。そうした二つの概念をあえて混用し、一方では日本人の「生命及び身体の保護その他の安全」に関して政府が本来負っている責任を曖昧にし、イラクにいる日本人が危険にさらされるような情勢を生み出した政府の責任を棚上げにするとともに、他方では「自己責任」という言葉を用いて人質被害者個人の行為にすべての原因があったかのような印象を与えること、それがこの時の竹内事務次官発言の意図であったように思われる。

人質が解放された直後になると、政府・与党関係者の口から次のような発言が次々に飛び出した（『朝日新聞』四月十七日）。

「多くの方に迷惑をかけたのだから、責任を認めるべきだ」（井上防災担当相）

「自己責任という言葉はきついかもしれないが、そういうことも考えて行動しなければならない。ある意味で教育的な課題という思いをしている」（河村文部科学相）

「山の遭難では救助費用は遭難者・家族に請求することもあるとの意見もあった」（自民党の安倍幹事長）

「損害賠償請求をするかどうかは別として、政府は事件への対応にかかった費用を国民に明らかにすべきだ」（公明党の冬柴幹事長）

「費用は二〇億円くらいかかったのではないか」（自民党の外務政務次官経験者）

三人解放から一夜明けた十六日、政府・与党内から、「退避勧告にもかかわらずイラク入りした三人の自己責任」を問う指摘が相次いだことについて、以上に引用した『朝日新聞』の記事は、これまでは救出交渉に支障が出かねないと抑えられてきたが、解放が確認されたことで三人の行動への不満が噴出したかたち、と報じている。マスコミに氾濫した「自己責任論」の背後には、政府・与党の間に広がっていたこうした意識が存在した。

## 問われていた政府の責任

人質になった方々に対する「自己責任論」が急にクローズアップされた時期は、アメリカのイラク政策に肩入れする日本政府の責任が厳しく問われ始めた時期と重なっていた。その経緯を整理していくと、自己責任論に込められた政治的意図を、いっそう明白に読み解くことができる。

そもそもアメリカのイラク攻撃とイラクへの自衛隊派遣に対しては、日本国内に強い批判が存在していた。自衛隊のイラク派遣に対する賛否を問う世論調査の結果は、この時期を通じて国民世論が二分されていたこと、イラク派遣に対する支持が決して強いものではなかったことを示している。

| | 賛成 | 反対 | 不明 |
|---|---|---|---|
| 二〇〇四年二月 | 四三 | 四二 | 一六 |
| 二〇〇四年四月 | 四二 | 四〇 | 一七 |
| 二〇〇四年五月 | 四三 | 四四 | 一二 |

（%）

（『日本経済新聞』世論調査）

とくに二〇〇四年三月から四月にかけ、イラク中部の都市ファルージャにおけるアメリカ軍の攻撃が激化し、それに抵抗する武装勢力の活動によってイラク全土の治安状況が悪化するにつれ、小泉内閣のイラク政策に対する支持はめだって低下しつつあった。同じ『日本経済新聞』の二月の調査によれば、イラク派遣に関する小泉首相の説明に「納得している」というのは二六%にすぎず、実に六〇%が「納得できない」と答えていたほどである。

そのなかで起きたのが今回の人質事件であった。政府・与党としても、一歩対応を誤れば世論から総叩きにあってしまうような危機感を抱いていたことは想像に難くない。今回の事件発生直後、人質になった方々の出身地である北海道の自衛隊幹部が漏らした「自衛隊が撤退した方がよいという声が高まるのではないか」との懸念（『読売新聞』四月九日夕刊）は、政府・与党全体に共通するものであったはずである。

しかし、人質事件被害者に対する「自己責任論」が流布されるにつれて、こうした世論の反応に変化が生じた。自己責任論は、少なくとも二〇〇四年四月半ばからの一時期、国民の間にもある程度浸透し、人質問題に関する政府の対応への支持率を高める役割を果たした。この時期に実施された各種世論調査によれば、イラク邦人人質事件については約七割が小泉政権の対応を支持している。人質事件への対応に対する国民世論の一時的支持をテコとして、政府・与党は、アメリカへの追従と自衛隊派遣というそのイラク政策全体を続けていくことが容易になった。政治評論家の森田実氏も、「本当は、イラクには非戦闘地域などない時期で、小泉首相は窮地にあった。ところが、人質事件で出た自己責任論が、逆に小泉首相や政府を利する結果となり、自衛隊派遣をも合理化する結果となった」と分析している。

このように見てくると、「自己責任論」は、たんに日本人の「生命及び身体の保護その他の安全」に関して政府が本来負っている責任を曖昧にし、イラクにいる日本人が危険にさらされるような情勢を生み出した政府の責任を棚上げにしただけではない。国民の間に強い疑念が存在していた政府・与党のイラク政策を「窮地」から救い、その継続を可能にするという大きな役割を果たしたのであり、そこにこそ、「自己責任論」を流布した人々の真の狙いがあったものと見られる。

## 政府の国会答弁書

ただし政府自身は、その公式発言を見る限り、慎重に言葉を選んでおり、人質となった方々への

「自己責任論」を大々的に展開しているわけではない。ここでは二〇〇四年六月に三人の国会議員から提出された質問主意書に対する下記の三通の政府答弁書をとりあげ、政府の公式発言を検討しておく。

・小林千代美衆議院議員の質問主意書への答弁書（内閣衆質一五九、答弁第一四五号、六月二十二日）

・山本喜代宏衆議院議員の質問主意書への答弁書（内閣衆質一五九、答弁第一四六号、六月二十九日）

・紙智子参議院議員の質問主意書への答弁書（内閣参質一五九、答弁第二八号、六月二十九日）

質問主意書のなかでは、一般に流布された「自己責任論」にかかわる内容として、「海外において拉致あるいは拘束された邦人を救出し、帰国させるために要した経費のうち、政府の負担とする部分、当事者の負担とする部分の範囲を画する基準（法的根拠、内規、先例等）を明らかにされたい」という項目と、「イラクにおける今回の事件において、政府が右記四の経費負担のあり方を決するにあたって、参照もしくは適用した法規、内規、先例等を明らかにされたい。また、それらを参照もしくは適用するに至った根拠を説明されたい」という項目が入れられていた。

上記の質問に対し答弁書は、外務省設置法第四条第九号に同省の所掌事務の一つとして「海外における邦人の生命及び身体の保護その他の安全に関すること」が記されていることを引き、政府の邦人保護活動が明確な法的根拠に基づいていることを、自ら明確に確認した。この原則に基づくならば、今回の人質事件において邦人保護活動に要した経費に関して、人質になった方々に対し「自己責任論」が成立する根拠は存在しない。政府の邦人保護活動に要する経費は、国民の信託を受け国民の税金によってその活動が保証されている政府が負担してしかるべきである。

しかるに答弁書は上記の原則に加え、「海外における邦人の生命及び身体の保護等の事務の遂行に当たって政府が要する経費は、政府が負担」し、「本人又はその家族（以下「本人等」という。）の航空費、滞在費等、本人等にかかわる経費については、本人等に負担してもらう」との「運用基準」なるものを明らかにした。しかし邦人保護活動関連経費を「政府が要する経費」と「本人等にかかわる経費」との二種に区別し、前者は政府の負担、後者は「本人等」の負担とする法的根拠は、答弁書のなかで政府自身「このような基準について特段の内規等は定めていない」と認めているように、何も存在していない。実際、両者を明確に区別することは困難な場合が多く、北朝鮮拉致被害者の方々の帰国費用の例からも知られるとおり、「本人又はその家族の航空費、滞在費等」の全額を政府が負担した事例も存在している。この点に関する今回の政府答弁書は、著しく説得力を欠くものと言わざるをえない。

要するに人質事件被害者に対する「自己責任論」は、政府が本来負っている国民の保護責任を曖味にしただけではなく、イラク政策に対する国民の批判をそらす役割も果たしたのであり、政府・与党側は、そうした狙いを込め意識的にその種の「自己責任論」を流布し、世論に働きかけた。そして一時的にはその狙いに近い効果を収めたものと判断される。しかし、人質事件被害者に対する「自己責任論」を法的に裏付けるような根拠はどこにも存在せず、国会における政府答弁書のような公式発言にも、結局、「自己責任論」を明確に展開するような主張は、何も提示されることなく終わった。

人質事件被害者の人格を深く傷つけ、政府が本来負っている国民の保護責任を曖昧にしただけではなく、イラク政策に対する国民の批判をそらす役割も果たした「自己責任論」、それを意図的に流布した政府・与党関係者とそれに手を貸した一部マスコミの責任は、まことに重いと言わねばならない。

# 「自己責任論」の分析——魅力と限界

瀧川裕英

## 「自己責任論」の嵐

二〇〇四年四月から五月にかけて、日本中に「自己責任論」が吹き荒れた。発端は、イラクでの邦人人質事件だった。二〇〇四年四月七日に、三人の日本人がヨルダンからバグダッドに向かう途中、武装グループに拉致された。武装グループは、人質解放の条件として自衛隊のイラクからの撤退を要求。続いて四月十四日には、二人の日本人がバグダッド西部で取材中に武装グループに拉致された。人質三人は十五日に解放され、続いて人質二人も十七日に解放された。

事件発生後まもなく、政府関係者やメディアから「自己責任論」が発生し、日本中に非常に大きな反響を巻き起こした。しかし約二カ月後には「自己責任論」はほぼ沈静化した。「自己責任論」は嵐のように日本中で吹き荒れ、そして通り過ぎていった。

### (1)「自己責任論」と「自作自演論」

この「自己責任論」をどのように評価すればよいだろうか。差し当たり、いわゆる「自作自演論」と比較してみよう。人質事件発生後まもなく、事件は人質自らによる自作自演であるという「自作自演論」が発生した。しかし、その後「自作自演論」は反駁され、沈静化した。「自作自演論」を唱えた論者やメディアに対しては、責任を問うことができる。虚偽の事実を喧伝し流布した責任は重い。事情によっては、道徳的非難を加えることも妥当だろう。

しかし、同じことを「自己責任論」に対してもできるだろうか。「自己責任論」を唱えた論者やメディアに対して、責任を問うことや道徳的非難を加えることは妥当だろうか。「自己責任論」は「自作自演論」と同じ意味で虚偽であるとして、非難できるだろうか。

### (2) 本稿の見取り図

私がこの論文で行なうのは、「自己責任論」の内実を正確に見極めることだ。自己責任論を擁護するにしても批判するにしても、自己責任論とは何であるかを明確にすることは不可欠である。そのために、三つの作業を行なう。

第一に、自己責任の概念を分解・分類・分析する。自己責任論を論じる際にこの作業は不可欠である。さもなければ、自己責任論を擁護する者も批判する者も、自分が何をやっているか分かっていないことになるだろう。自己責任の概念を三つに分類することを私は提案する。

第二に、自己責任論の魅力を確認する。「自己責任論」に対しては多くの感情的反発がなされた。しかし、私の考えでは、「自己責任論」は簡単に否定できるような理論ではない。「自己責任論」が一時的にであれ猛烈に吹き荒れたということは、この理論に一定の魅力が備わっていることを示している。自己責任論は効率性・自由・公平・平等といった重要な価値と（少なくとも表面的には）結びついていることを指摘する。

第三に、自己責任論の限界を見定める。「自己責任論」に対して感情的反発がなされることはあっても、理論的批判がなされることはほとんどなかった。私は、「挑戦／チャレンジ」という価値に依拠して、自己責任論が挑戦を阻害してしまうという点に着目して、自己責任論批判を展開する。以上の三つの作業を通じて、自己責任論の位置価が明らかになる。

そして最後に、イラク人質事件との関連で、「自己責任論」以外に論じられるべきであった論点を指摘する。私の考えでは、「自己責任論」はイラクでの邦人人質事件の本質的論点ではなかった。「自己責任論」から人質事件を論じることは、中心的論点を見逃すことにつながった。

ここでお断りしておくべきこととして、事件発生当時、私は米国に長期在外出張中であり、日本を不在にしていた。私の情報源は主に、インターネット上の日本のニュース・サイトである。私は日本のＴＶメディアを見ていない。日本のメディアとは対比的に米国のメディアは、日本人人質事件について多くを伝えなかった。事件そのものよりも、解放後の人質バッシングに対して、米国メディアは関心を示した。

日本のTVメディアを見ていない者にとっては、「自己責任論」がなぜあそこまで吹き荒れたのかは理解しにくい。逆にいえば、「自己責任論」が吹き荒れた社会学的背景としては、人質家族のTVメディアにおける現われ方が大きかったといえるだろう。

### 「自己責任」の概念分析

では、「自己責任論」の思想的背景は何だろうか。これを明らかにするために、まずは「自己責任」の概念を分析してみよう。自己責任という言葉は、複数の異なる意味を持つ。したがって、自己責任概念の分析は非常に重要である。ここでは、時系列に沿って差し当たり三つの意味に分類することにしよう[1]。

#### (1) 自己責任A——責務としての自己責任

第一の意味の自己責任は、行為の前に行為者自らが注意を払うことである。自分の行為が悪い結果を引き起こさないように、行為者自身が事前に十分な注意を払う義務・責務という意味で、「自己責任」という言葉が使われることがある。例えば、「危ない場所へ行くときに事前に十分な調査や準備をしていくことは、その人自身の責任である」という場合は、この意味での自己責任である。

この意味での責任という言葉は、責務とか義務という言葉と近い意味で使われている。そこで、この意味での自己責任を「責務としての自己責任」または「自己責務」と呼ぶことにしよう。責務としての自己責任は、行為の前に問題になる。行為者は行為の前に不測の事態が起こらないように注意を払わねばならない。十分な注意を払わずに行為すると、責任を欠く行為であるといわれる。

責務としての自己責任は、イラク人質事件に際しても使われた。例えば、「イラクという危険な地域へ行くのだから、安全確保のために情報を収集し、十分な備えをしていくことは自己責任だ」という場合には、この意味で「自己責任」という言葉が使われている。「十分な準備をせずに行ったのは、無責任だ」という場合も、同じ意味での自己責任が念頭に置かれている。

### (2) 自己責任B——原因としての自己責任

第二の意味での自己責任は、出来事の原因が、行為者自身にあることである。例えば、私が自動車を運転していて電信柱に突っ込んでしまったとしよう。この場合、事故の原因が自動車の構造的欠陥にあれば、自動車会社の責任になるし、原因が道路の欠陥にあれば、道路管理者である国や自治体の責任になる。しかし、事故の原因が私の不注意にあるのならば、その事故は私の自己責任である。

このように、ある出来事の原因や責任が行為者自身にあるということが、第二の意味での自己責任である。そこで、この意味での自己責任を「原因としての自己責任」または「自己原因」と呼ぶことにしよう。

この第二の意味での自己責任も、イラク人質事件で使われた。例えば、「三人が武装グループに拘束されたのは、日本国政府の責任ではなく人質の自己責任だ」という場合には、この意味で「自己責任」という言葉が使われている。

### (3) 自己責任C——負担としての自己責任

第三の自己責任は、行為の結果を行為者が自ら引き受けることである。人間の行為は、結果としてさまざまな出来事を引き起こす。例えば、自動車を運転していた結果、事故を起こしてしまった場合を考えよう。事故の結果、自分自身がケガをしてしまったとしよう。そうすると、ケガを治療するために治療費が必要となる。また、自動車の修理費も必要になる。さらに、他の人を巻き添えにしてしまうと、その人の治療費も必要になる。この場合、自分のケガ、自分の治療費、自動車の修理費、他人の治療費などが事故を起こした人の責任となる。

このように、自分の行為の結果を行為者自身が負担することが、第三の意味での自己責任である。そこで、この意味での自己責任を「負担としての自己責任」または「自己負担」と呼ぶことにしよう。

この第三の意味での自己責任も、イラク人質事件で使われた。例えば、「人質を武装グループから解放するために要した費用は、人質の自己責任にすべきだ」という場合には、この意味で「自己責任」という言葉が使われている。

### (4)「自己責任」の概念と「自己責任論」

以上のように、「自己責任」の概念は三つの異なる概念として分析することができる。確認のために、まとめておこう。

○自己責任A　責務としての自己責任（自己責務）
「行為の前に、行為者が十分な注意を払うこと」

○自己責任B　原因としての自己責任（自己原因）
「出来事の原因が、行為者自身にあること」

○自己責任C　負担としての自己責任（自己負担）
「行為の結果を、行為者自身が引き受けること」

この「自己責任」の概念分析に基づいて、続いて「自己責任論」の分析を行なおう。

自己責任論とは、自己責任が規範的な原則だと主張する理論である。自己責任論は自己責任を規範的に正しいものとして肯定する。自己責任論によれば、自己責任とは概念ではなく原則である。

そのため、自己責任論者はしばしば「自己責任の原則」という言葉遣いをする。

以上の自己責任の概念分析からすると、自己責任論にも以下のように三つの異なる理論があることになる。

◎自己責任論A　責務としての自己責任論（自己責務論）
「行為の前に行為者自身が十分な注意を払う、と考えるべきである」

この「自己責務論」は、行為に際しては、親、配偶者、友人、上司、政府などではなく、行為者自身が十分な注意を払うべきだ、と主張する。

◎自己責任論B　原因としての自己責任論（自己原因論）
「出来事の原因は行為者にある、と考えるべきである」

この「自己原因論」は、行為の結果の原因は、周りの人々、客観的状況、時代などではなく、行為者自身にある、と主張する。

◎自己責任論C　負担としての自己責任論（自己負担論）
「行為の結果は行為者自身が引き受ける、と考えるべきである」

この「自己負担論」は、行為の結果は、被害者、第三者、行為者の親、政府などではなく、行為者自身が引き受けるべきだ、と主張する。

自己責任論を論じる際には、このうちいずれの自己責任論を論じているかを明確にすることが非常に重要である。自己責任論を擁護するにしても批判するにしても、自己責任論A、B、Cをひとまとめで擁護したり批判したりすることはできない。なぜなら、それらは異なる内容を持つ理論だからだ。

しかも、自己責任論A、B、Cは内容が異なるだけではなく、相互に独立している。各自己責任論の間に論理的包含関係はない。特に注意すべきなのは、「責務としての自己責任があるから、原因としての自己責任もある」、「原因としての自己責任があるから、負担としての自己責任もある」というような論理構造にはなっていない点である。

第一の自己責任論（自己責務論）は、一定の条件が付されれば妥当な理論であるといってよい。その一定の条件とは、行為者が払うべき注意の量は、生じる結果（損害）の大きさおよび結果が生じる蓋然性に比例する、という条件である。

結果発生の蓋然性が非常に小さくても、重大な結果が生じるのであれば、払われるべき注意の量は相当の程度になる。仮に原子力発電所が事故を起こす可能性が〇・〇一％であるとしても、その事故の予想犠牲者数が一〇〇万人であるならば、相当の注意が払われるべきである。計算上は、この場合には、一〇%の確率で一〇〇〇人が犠牲になる事故と同程度の注意が払われねばならない。

行為者が払うべき注意の量は無限ではない。それは、結果の重大性と蓋然性に比例する。行為に際して無限の注意を払わねばならないとすると、およそ行為することは不可能になる。したがって、「十分な注意」が払われればよいと考えることになる。

自己責務論がおおよそ妥当な理論であるということは、自己原因論が妥当であるということを意味しない。責務としての自己責任があるからといって、原因としての自己責任もあるわけではない。例えば暗い夜道を一人で歩いていて暴漢に襲われた人に対して、「襲われたのはあなたに原因がある、あなたの責任だ」と言うべきではない。われわれが責めるべきなのは、被害者ではなく暴漢である。被害者が自分の安全に注意する責務があるとしても、加害者ではなく被害者に原因があるということにはならない。

さらに、原因としての自己責任があるからといって、負担としての自己責任もあるわけではない。「行為者に原因があるならば行為者が責任をとるべきだ」という考え方は、自己責任論の中心にある考え方である。この考え方は、一見すると当然のことのように見えるかもしれない。しかし、この考え方に問題があることは、「自己責任論の限界」の項以下で論述する。

### (5) イラク人質事件における「自己責任論」

では、以上で明らかにされた自己責任論の分析に基づいて、イラクでの邦人人質事件を検証してみよう。

政府関係者の発言を観察すると、「責務としての自己責任論」（自己責務論）が散見される。例えば、竹内外務事務次官（当時）は四月十二日の会見で「安全、生命の問題ということになりますと自己責任の原則を自覚して、自らの安全を自らで守ることを改めて考えて頂きたい」と述べている。この発言は、行為の前には十分な準備をする責務がある、という意味で自己責任の原則という言葉を使っている。私の分析枠組みでは、自己責務論に該当する。したがって、既に述べたように、この発言内容には特段問題はない。

次に、「原因としての自己責任論」（自己原因論）も見いだすことができる。「外務省はイラクからの退避勧告も出していたのだから、事件に巻き込まれたのは自分たちの責任である」という意見は、自己原因論である。この自己原因論は、「人質として拘束された責任は、イラクに自衛隊を派遣した日本国政府にある」という主張に対抗する形で提出された。つまりここで争われているのは、事件の主たる原因は日本国政府にあるのか人質にあるのかという論点である。

しかし、このような議論の立て方は的はずれだと言わざるをえない。人質事件について最も責任があるのは、人質を拉致・拘束した武装グループであるというべきだ。人質となった人たちは安全確保の責務があるのだから、事件の責任も人質にある、ということはできない。既に述べたように、自己責務は自己原因を含意しないからだ。

イラク人質事件では、以上の二つの「自己責任論」は滑るようにして「自己負担論」へと転化していった。イラク人質事件では、二種類の異なる「負担としての自己責任論」（自己負担論）が主張された。この二つの自己負担論は、行為者自身が負うべき「負担」とは何かという点に関連して、異なる立場をとる。

第一の議論は、自分の判断でイラクという危険な地域に行ったのだから、武装グループに拘束され殺害されたとしてもしかたがない、自分の死という結果も自分で引き受けるべきだ、と主張する。この議論によれば、自己責任として引き受けるべき責任・負担とは、自己の「死」である。この種の自己負担論を「自業自得論」と呼ぶことができるだろう。

第二の議論は、人質を救出するために必要とされた費用は、人質の行為によって生じたのだから、人質自らが負うべきだ、と主張する。この議論によれば、自己責任として引き受けるべき責任・負担とは、救出費用である。ここで「救出費用」とは、帰国のためのチャーター機の費用、健康診断費用、交渉・事務などを担当した公務員の人件費、連絡に使った事務所の使用料などのことである。この種の自己負担論を「費用負担論」と呼ぶことができるだろう。

以上で分析した「自己責任論」の諸類型を図式化すれば、次頁の表のようになる。

政府関係者の発言として、例えば公明党の冬柴幹事長（当時）は「政府は事件の対応にかかった費用を国民に明らかにすべきだ」と述べた。この発言は、費用負担論を前提とした発言である。人質解放後、費用負担論は広範に主張された。しかし私が調査した限り、死という負担を引き受けるべきだと主張する自業自得論を展開した政府関係者の発言は存在しない。自業自得論は公的には主

| 類型 | 主張 |
|---|---|
| A 自己責務論 | 行為の前に，行為者自身が十分な注意を払う責任がある |
| B 自己原因論 | 出来事の原因は，行為者自身にある |
| C 自己負担論 | 行為の結果は，行為者自身が引き受けるべきである |
| C1 自業自得論 | 行為の結果，行為者が死亡したとしても，自業自得である |
| C2 費用負担論 | 行為の結果生じた費用は，行為者自身が支払うべきである |

**表 「自己責任論」の諸類型**

張されず力を持たなかった。

もちろん周知のように、インターネット上では多くの自業自得論が流された。しかし、責任ある言説のなかで、自業自得論を展開したものはほとんど存在しない。また、自業自得論が日本社会で受容されているとは思えない。このことは、二〇〇四年十月にイラクで発生した香田証生さんの拘束殺害事件に対する日本社会の反応を見れば明らかである。報道によれば、香田さんはイラクを旅行中に拘束され、痛ましくも武装グループによって殺害された。自業自得論からすれば、彼の死は自業自得である。彼の死は自己責任であり、殺されてもしかたがなかったことになる。しかし、日本社会は遺体となって帰国した香田さんに対して自業自得だと言い放つことはなかった。

以上の分析から明らかになるのは、次のことである。イラク人質事件に起因して主張された「自己責務論」は、それ自体としてはさほど問題がない。だが、同じ「自己責任」という言葉で語られるがゆえに、それは、問題を孕む主張である「自己原因論」や「自己負担論」へと転化していった。しかし、自己責務論と自己原因論・自己負担論は相互に独立した主張であり、論理的包含関係はない。したがって、自己原因論・自己負担論を主張する場合には、それぞれ個別に正当化しなければならない。

以下で特に考察の対象とするのは、第三の自己責任論である「自己負担論」である。自己負担論は、「自分の行為の結果は、その行為者自身が引き受けるべきだ」と主張する。この主張は、いわゆる自己責任論の中心的主張である。そのため、以下の論述では基本的に自己負担論を指して「自己責任論」という言葉を使う。私は、まずその理論の魅力を指摘し、続いて限界を考察する。

## 自己責任論の魅力

自己責任論の批判は容易ではない。なぜなら、自己責任論には理論的魅力が備わっているからである。自己責任論は、重要であると信じられている価値理念と内在的関連を持つ。自己責任論と関連する価値理念として、ここでは、効率性・自由・公平・平等の四つの価値理念を取り上げることにしよう。

### (1) 効率性

自己責任論の理論的魅力は、第一に、自己責任論が効率性という価値と結合している点にある。一般に、ある個人のことを最もよく知りその人の利害に最も関心を持つのは、その人自身である。そのため、各個人の幸福を達成するためには、個人的事柄に関しては各個人に決定権を委ねることが効率的である。さらに、自己責任の原則に基づいて、各個人の決定の結果を各個人が引き受けるような制度にすれば、各個人はよりよい結果を目指して努力するインセンティヴを持つ。その結果として、最大の幸福が社会で達成される。要するに、自己責任論は社会的効用の最大化という意味で「効率性」を促進する。自己責任の原則を採用しない社会は、不効率な社会となる。

効率性は、唯一の価値でないとしても、重要な価値である。いかに理想的な制度であっても、それが効率的でなければ、現実的には失敗してしまう。仮に中央統制経済型の社会主義がユートピアであるとしても、それは市場システムに比べて情報の面で不効率であるがゆえに優れた制度ではなく、歴史によって淘汰された。

効率性に力点を置く自己責任論は、政府の介入を最小化する新保守主義の台頭とともに、広く主張されるようになってきている。現在、金融取引・医療・年金・地方分権などの分野で、自己責任論が強まってきている。こうした自己責任論の背景にあるのは、効率性という価値である。

しかし、自己責任論を、グローバリズムに根を持つ新保守主義のイデオロギーとして、簡単に片づけることはできない。なぜなら、自己責任論は、効率性以外にも重要な価値と結びついているからだ。

### (2) 自由

自己責任論は、個人の自由とも結合している。これは、自己責任の原則が妥当しない世界を想像してみれば容易に分かる。自己責任の原則がない社会では、個人は自分がしていないことに対しても責任を負わされることになる。

例えば、日本でも中世には連座・縁座という刑事制度が存在した。その制度の下では、個人は自分が犯罪行為を行なっていなくても、自分と公的な関係のある人や自分と私的な関係のある人（親族など）が犯罪を行なえば、連帯してその責任を負わされた。このような制度の問題点は、個人が自分の人生をコントロールすることができないという点にある。自己責任の原則は、自分が責任を負う範囲を明確にし、人生を予測可能にし、そうすることで個人に自由を保障する。この意味で、自己責任論は個人の自由と結合している。

### (3) 公平

自己責任論は、公平という価値とも結合している。これを明らかにするために、自己責任の原則が妥当しない世界を再度想像してみよう。例えば、私が自転車に乗っていて前方不注意でお年寄りをはねてしまったとしよう。自己責任なき世界では、私がお年寄りのケガの責任を負う必要はないことになる。しかし、お年寄りがケガをしている現実、そのケガを治療するにはお金がかかるという現実は残る。つまり、だれかが責任をとらなければならない。お年寄りに十分な資力がなく身寄りもなければ、最終的に国家が責任をとって面倒を見ることになるだろう。

しかし、納税者からすれば、なぜ自分たちの税金が使われるのか、事故を起こした当事者が責任を負うべきだ、ということに当然なるだろう。事故を起こした人が責任を負わずに、事故を起こしていない人が責任を負うことは、不公平だからだ。この意味で、自己責任論に立脚する制度は公平な制度であり、自己責任論と公平性は結合している。

同じことは、いわゆる住専問題のときに現実的問題となった。銀行や生命保険会社の出資により設立された「住宅金融専門会社」（略称：住専）は、バブル経済の崩壊とともに破綻状態に陥った。この住専問題を解決するために、多額の公的資金が導入された。この政府の決定に対して世論は強烈に反発した。住専問題で世論が依拠した論理は、自己責任論である。住専の負担を国民が負うのは不公平であり、自己責任の原則に従って、銀行や生命保険会社が責任を負うべきだ、と世論は考えた。要するに、住専問題で世論は、自己責任論と結合する公平性という価値に訴えていた。(2)

(4) 平等

自己責任論は、平等とも結合している。自己責任論は、行為者は行為の結果に対して責任を負うべきだと主張する。この主張を逆にいえば、自分の行為の結果でないことに対しては責任を負わない、ということになる。つまり、個人が責任を負う範囲は、自らが決定した結果に限定される。

今述べた「自分で決定していないことに責任を負わない」という原則は、差別を告発するときに大きな威力を発揮する。例えば、人種差別を告発するときには、「自分の肌の色は自分で選んだわけではない。だから、肌の色に基づく差別は不当だ」と主張することができる。同様に、性差別を告発するときにも、「女性であることを自分で選んだわけではない。だから、女性が家事負担を一方的に負わされるのはおかしい」と主張することができる。

また、自己責任論は平等な再分配の正当化根拠にもなりうる。例えば、先天的に目が不自由な人は、自己責任論に依拠して、「私の目が見えないことは自分で選んだわけではない。だから、目が見えないことで蒙るさまざまな不利益を私が負うのはおかしい。目の見える人と同じように生きられるように社会が保障すべきだ」と主張することができる。同じことは、自己原因でない病気・自然災害・老齢・失業などにもいえるだろう。

このように、自己責任論は、差別を糾弾し平等な再分配を達成することを可能にする。この意味で、自己責任論と平等は結合している。

## 自己責任論の限界

以上のように、自己責任論は、効率性・自由・公平・平等といった重要な価値と結びついている。だからこそ、自己責任論は一定の説得力を持つ。逆にいえば、自己責任論に対する批判は、効率性・自由・公平・平等といった価値に対する批判につながる。したがって、自己責任を批判することは、しばしば考えられるほど容易な作業ではない。

では、自己責任論の限界はどこにあるのか。自己責任論に対する違和感はどこからやってくるのか。この問いに対しては、いくつかの答え方が可能である。(3)

例えば、イラク人質事件では、「自己責任論」は「冷たい」議論だという批判が加えられた。これは、不幸な出来事の責任を行為者だけに負わせる「自己責任論」は、人と人とのつながり、人間関係のぬくもりを無視した議論である、という批判である。このような批判の仕方からは、「自己責任論」に対して「温かい」議論が対置されることになるだろう。

だが、私はむしろ、「挑戦／チャレンジ」という価値に焦点を当てて、自己責任論の限界を見極めたい[4]。以下では、個人にとって挑戦することが持つ意義と、挑戦する個人が存在することが社会にとって持つ意義とに分けて考察する。

### (1) 個人の挑戦

責任が個人の挑戦に与える影響としては、二つある。責任を負わされた後に与える影響と、責任を負わされる前に与える影響である。

まず、責任を負わされた後に個人の挑戦が受ける影響について考察しよう。自己責任論がいうように行為の結果を行為者自身が負うシステムでは、行為者が責任を負いきれない場合が出てくる。一度過重な責任を課されると、それ以降の「挑戦」が不可能になってしまう。

例えば、自己破産という制度がある。自己破産の制度は、個人の再挑戦を支援する制度である。日本では二〇〇三年に、個人の自己破産件数が実に約二四万件にも上った。これは、消費者金融の問題が非常に大きいと考えられるが[5]、仮に自己破産の制度がなければ、一度背負った借金は返済するまでつきまとうことになる。そこに利子がかさめば負債は雪だるま式に膨れ上がり、一生負債を背負ったまま生きていかなければならない人が増えるだろう。そのような人にも一定の条件下でやり直すチャンスを与えること、人生に対する再挑戦の機会を提供することが、自己破産の制度趣旨である。

別の事例として、少年法を挙げることができる。少年法が存在するため、少年事件は成人による犯罪事件とは別の手続きで取り扱われる。その背景にある考え方は、少年に対して成人と同じ刑罰を科すことは、少年にとって重すぎる責任となり、少年がやり直して今後挑戦していくことが不可能になってしまう、というものである。「少年の健全な育成を期す」(少年法第一条)ためには、過重な責任を課すことは望ましくない。少年法については現在さまざまな議論があるが、少年法の制度趣旨が「再挑戦の支援」にあることは確認すべきである。

自己破産や少年法といった制度は、自己責任論とは対立する。自己責任論は、個人の挑戦を抑制するのに対し、こうした制度は、個人の挑戦を支援する。こうした制度が存在するということは、個人の挑戦は支援するべきだと考えられていることを示している。

次に、責任を負わされる前に個人の挑戦が受ける影響について考察しよう。挑戦することのリスクが大きくなりすぎると、人は挑戦することをためらい、やめてしまう。一度失敗するとやり直しがきかない社会、敗者復活戦がない社会では、人は挑戦をためらい挑戦することができなくなる。

例えば、生活保護制度は、個人の挑戦を支援する制度として捉えることができる。最低限度の生活を保障する生活保護制度がなければ、個人の生はより縮こまったものになるだろう。生活保護というセーフティ・ネットが存在することで、人生で華麗なアクロバットを思い切って披露することが可能になる。

挑戦のない人生、挑戦のできない人生は、貧しい。挑戦することが放つ輝きが、挑戦のない人生には存在しない。挑戦がもつ輝き・尊さについては、テレビ番組「プロジェクトX——挑戦者たち」を観ればお分かりいただけるだろう。

### (2) 挑戦する個人がいる社会

個人が挑戦する人生を送ることは、その人自身にとってだけではなく、その人が生きる社会にとっても意味がある。挑戦する個人がいる社会では、多様性が育まれる。社会のなかに多様性が存在し、その多様性から社会が学んでいくためには、人々の挑戦を支援していく必要がある。

例えば、株式会社という制度がある。株式会社の特徴は、責任が有限であるという点にある。株式を購入しその株式会社を所有する人は、その株式の範囲でしか責任を負わない。その株式会社が債務超過に陥っても、自分の私的な財産を債権者に差し出す必要はない。株式会社という責任を制限する制度があることで、投資家は起業家のアイディアに投資する気になる。そうして、起業家が自分のアイディアを思い切って世に問う機会が広がる。その結果、社会には創意工夫に富んだ数多くの商品が流通する。仮に無限に責任を負わされるのであれば、起業家を支援しようとする投資家は大きく減少するだろう。

人々が多様な仕方で挑戦することで、社会も成長することができる。多様な挑戦を見ることで、社会は新しい可能性を見いだし、躍動感が生まれる。現在の閉塞した日本において、挑戦の意義は過小評価されるべきではない。

### (3) 挑戦の意義と萎縮効果論

以上のような挑戦の意義を強調する議論に対しては、反論がありうる。挑戦は過度に奨励すべきではなく、社会的に有意義でない行為については挑戦を萎縮させることが必要だという議論である。例えば、イラク人質事件の際にもしばしば論及された「雪山登山」の例を考えよう。雪山登山も一種の「挑戦」である。しかし雪山登山という挑戦を奨励し、十分な準備なしに雪山登山をする人がたくさん出てくると、救援費用などの社会的コストが増大してしまう。そのため、社会的コストを抑えるためには、救援費用の全部または一部を登山者が負担すべきである。そのことが萎縮効果を生み、雪山登山者が減少することは望ましい、と主張される。

この「萎縮効果論」は、すべての挑戦を否定する必要はない。萎縮効果論が主張するのは、社会的意義の乏しい挑戦は支援・奨励されるべきではなく、萎縮させるべきだ、ということである。

このように考えると、問題は、ある行為・挑戦の意義をどう捉えるかという点に還元される。挑戦が一般に個人にとって意義を持つことを考えれば、「ある挑戦が社会にとってどのような意義を持つのか」という問いこそが問われるべきである。イラク人質事件の文脈でいえば、戦時下のイラクにおけるボランティア活動やジャーナリズム活動が、日本社会にとってどのような意義を持つのか。日本社会はそうした挑戦を支援すべきなのか、萎縮させるべきなのか。この問いこそが、中心的な問いである。

(4)「迷惑」

この問いは、イラク人質事件では、「迷惑」の一語によって片づけられた。戦時下のイラクにおけるボランティア活動は社会的意義を持たないだけではなく、結果的に日本社会に対して大きな迷惑をかけることになったとして、人質の自己責任を問う議論がそれである。例えば、福田官房長官(当時)は二〇〇四年四月十五日の会見で、「自分の責任で行かれるということかも知れないが、いったんこういうことが起これば、どれだけの人に迷惑がかかるか考えていただきたい」と述べた。ある行為について「社会に対して迷惑がかかる」ということは、その行為の社会的意義を否定的に評価することである。「迷惑論」は、人質にとられた人々の活動の社会的意義はマイナスであるとし、その活動の萎縮を要求した。

しかしこの問題は、より慎重な検討を必要とする。その検討の際に考慮されるべき点として、ここでは二点指摘しよう。第一に、行為の社会的意義を評価する場合には、行為の影響を、個別的かつ具体的に列挙し、それらを合理的に計算することが必要である。単に「迷惑」という曖昧な言葉で語ってすませるべきではない。

第二に、より重要な点として、萎縮効果は社会的意義のない挑戦だけではなく、社会的意義のある挑戦にも波及する、という事実に留意すべきである。(6) 社会的意義を持つ挑戦と社会的意義を持たない挑戦の境界は、明確でない。そのため、社会的意義を持たない挑戦に萎縮効果をもたらす責任の負担は、社会的意義を持つ挑戦にも萎縮効果をもたらす。「自己責任論」を主張する者は、こうした萎縮の波及効果も考慮しなければならない。

## 「自己責任論」はイラク人質事件の中心的問題か？

以上が、「自己責任論」に対する私の分析と評価である。(7) 以下では、イラク人質事件が提起した諸問題の文脈に「自己責任論」を位置づける。私の理解では、イラク人質事件との関連で論じられるべき問題が、「自己責任論」のほかに少なくとも二つ存在した。自衛隊撤退論と家族論である。

### (1) 自衛隊撤退と「自己責任論」

そもそも、イラク人質事件で「自己責任論」が出てきた背景にあったのは、「自衛隊を撤退すべきか否か」という問題であった。しかしこの問題について十分な議論がされないまま、「自己責任論」が中心的な論点となってしまった。つまり、「自衛隊を撤退しない」という結論を支持する論拠として、「自己責任論」が急浮上した。議論は、「自己責任論」をめぐって展開した。しかし、自衛隊を撤退すべきか否かという問題と、人質は自己責任を負うべきか否かという問題は、同一の問題の表裏ではない。

事件発生当時、日本国政府は犯人グループの要求に応じて自衛隊を撤退すべきではない、と私は考えていた。しかし、人質の方々は自己責任を負うべきだとは考えていなかった。つまり、自衛隊は撤退すべきでないという主張の論拠が、「自己責任論」ではないということだ。自分で危険なイラクに行ったのだから、殺害されてもしかたがない、とは私は考えない。救出する適当な方法があるならば、救出するほうがよいに決まっている。

にもかかわらず、自衛隊が撤退すべきでないと主張する理由は、常識的な理由である。すなわち、撤退すれば同種の事件が起きる蓋然性が高まり、日本国民や世界の他の国の人々の安全がより脅かされること、そして世界の大国である日本がテロの要求に屈することは、今後の世界秩序の構築に悪影響を与えるだろうという理由である。

このような議論に対しては、もちろん反論が可能である。しかも、その反論は事実に根拠を持つ。二〇〇四年四月に日本国政府がテロの要求には応じないという明確な姿勢を示したにもかかわらず、イラク国内では同種の事件が多発した。しかも、十月には日本国民が人質にとられ殺害される事件が発生した。このような事態の経過は、「テロの要求に応じなければ同種の事件が起きる蓋然性が少なくなる」という主張を疑わしくするだろう。また、二〇〇四年七月には、同じくイラクでフィリピン人を人質にとってフィリピン軍の撤退を求める事件が発生し、フィリピン政府はそれに応じる形で軍隊の撤退を一カ月早めた(8)。これに対し、アメリカ・オーストラリア・イラクなどは批判を行なったが、フィリピン政府のこのような対応は、テロに応じる形での軍隊の撤退が、国際社会で現実に可能であることを示している。

私の主張は、日本の公共空間が論じるべきは、テロの要求に応ずる形での自衛隊撤退の是非の問題であり「自己責任論」ではない、ということである。「自己責任論」は、自衛隊撤退を否定する妥当な理由ではない。

この私の主張は、次のような事例を考えればより明確になるだろう。仮にイラクで活動中の自衛隊員が武装グループに人質にとられたとしよう。武装グループは人質解放の条件として自衛隊の即時撤退を要求してきた。この場合、「自己責任論」からは、人質を解放するために自衛隊を撤退すべきだという結論が導かれる。なぜなら、自衛隊員は自分の判断でイラクに行ったのではないため、自己責任を負わせられないからだ。このような議論の仕方が完全に欠落させてしまうのは、テロの要求に応ずることは悪影響を及ぼすという発想である。人質にとられた人が自発的にイラクに行ったか否かが、結論を左右するほど決定的に重要であるとは思えない。[9]

### (2) 退避勧告と自己責任論

自衛隊撤退論について自己責任論がどのような意味を持つか、という問題は重要なので、もう少し突っ込んで考察しよう。ハーヴァード大学の哲学者T・スキャンロンは次のような事例を挙げてこの問題を論じている。[10] 居住地域の近くで有害な廃棄物が地中に投棄されているのが発見されたとしよう。当局は有害廃棄物を安全な廃棄場所へ移送し処理を施すことにした。有害廃棄物を移送する過程で、一定量の有害物質が大気中に放出することは避けられない。その有害物質は微量で呼吸器系の疾患を引き起こす。有害物質は広範に飛散するため地域外に住民が待避することは合理的な選択肢ではない。だが、屋内で待機していれば有害物質を摂取することは避けられる。そのため、当局は移送時間中には屋内で待機するように、あらゆるメディアを通じて可能な限りの方法で、地域住民に警告を発した。この状況で、Xは警告を聞いていたが、当日警告のことを忘れて屋外に出て、呼吸器系の疾患を患ってしまった。

スキャンロンの理解では、「個人は意識的決定から生じた帰結を引き受けるべきである」という一種の自己責任論からは、Xは責任を負わないことになる。なぜなら、Xはリスクを引き受ける意識的決定をしていないからである。しかし、スキャンロンによれば、Xは責任を負うと考えるべきである。なぜなら、Xを警告するために十分なことがなされたからである。スキャンロンの主張は、単なる自己責任論ではない。むしろ、自己決定するために十分適切な状況に置かれたか、危険から保護するために十分なことがなされたかが決定的に重要である。

この議論をイラクでの人質事件に適用すれば、「どの程度実効的な退避勧告が出されていたか」が決定的に重要となる。二〇〇四年四月の事件の時点で、四段階ある「危険情報」のうち最も危険度の高い「退避勧告」がイラク全土に出されており、スポット情報も二〇〇四年に入って人質事件発生までの間に計一二回出されていた。したがって、危険から保護するために十分なことがなされていたといえるだろう。実際、二〇〇四年四月に個人的に面談した際に、スキャンロンは、退避勧告が発令されていたか否かが決定的に重要であり、退避勧告が出されていた以上自衛隊は撤退すべきでないと語った。

だが、退避勧告が出されていたか否かは、決定的に重要だろうか。二つの批判が可能である。第一に、仮に四月の事件の時点で退避勧告が出されていなかったとしよう。その場合スキャンロンの議論では、自衛隊を撤退すべきであるという結論になる。なぜなら、退避勧告が出されていない以上、人質は責任を負うべきでないからだ。だが、このような議論では、テロの要求に応じることが悪影響を及ぼすという論拠は、完全に無視されてしまう[11]。

第二に、自衛隊撤退以外に合理的な人質救出方法（例えば、武装グループとの交渉）があったとしよう。その場合スキャンロンの議論では、交渉する必要はないという結論になる。なぜなら、退避勧告が出されている以上、既に十分なことがなされているからだ。だが、このような結論が誤っているのは明らかだろう。

結局、退避勧告は、一つの考慮事由かもしれないが、決定的に重要な考慮事由ではない。退避勧告が出されていたことは、「自己責任論」を根拠づけない。

### (3) 世間が要求する家族像

「自己責任論」現象の社会学的原因として、人質家族とそのメディアにおける現われ方が大きく作用したのは間違いないだろう。だが、この点についても二点指摘すべきことがある。

第一に、家族の発言によって人質の方々が非難されるというのは、自己責任論の観点からも問題である。自己責任論とは、自己の行為の結果に対して責任を持つべきだという主張である。家族の発言によって人質本人に責任を負わせるのは、自己責任論の遂行的矛盾である。

第二に、人質家族が人質救出のために自衛隊撤退を要求したことについて、私は理解できる。自衛隊が撤退しなければ自分の家族が殺されるのであるから、自分の家族が殺されないためには自衛隊の撤退が必要である。これは、論理的に真である。しかし、自衛隊の撤退を要求する人質家族に対しては、批判が強かった。それはなぜだろうか。

その理由は、世間が要求する「あるべき家族像」と人質家族が一致しなかったからである。逆に「あるべき家族像」を体現したのは、二〇〇四年五月二十八日にイラクで殺害された橋田さんと小川さんの家族であり、十月に殺害された香田さんの家族である。

日本社会は家族主義である、共同体主義的である、と一般に言われている。しかしながら、家族集団が世間に対して家族の構成員を守る機能が、実は弱いことが指摘されてきた。つまり、日本社会では、外に対して内を守る家族の防御機能が弱い。ヨーロッパでは、ギルド、教会、家族といった中間集団が、外部社会からの侵入を拒む力を持っていた。中間集団は、外部の社会から内部の人々を守るという機能を果たしてきた。これに対して、日本では逆に、世間の基準に従って家族の構成員が裁かれるとき、家族は、世間の批判から構成員を守るのではなく、家族の体面を傷つけた、社会に迷惑をかけたという理由で、世間の批判に同調する。家族というものは、家族の構成員の側に立つのではなく、社会の要求を家族内の個人に伝達する媒体として機能すべきだという家族観を、日本社会は保持してきた。

イラク人質事件では、TVメディアを通じて映し出された人質家族像が、従来要求されてきた家族像と齟齬をきたした。そのために生じた人質家族に対する批判が、「自己責任論」という形態をとったと考えることができる。今後も従来と同じような家族像を維持すべきか否かは、日本社会にとって一つの問題だろう。しかし少なくとも一ついえることは、あるべき家族像を維持したとしても、それに反した家族に対して陰湿ないやがらせや制裁を加えるべきではないということだ。

＊　本稿は、二〇〇四年七月二十四日に東京大学本郷キャンパスで行なわれたシンポジウム「いま問い直す「自己責任論」」で、私が行なった講演「自己責任の徹底分析」に大幅な加筆・補正を行なったものである。この場を借りて、シンポジウムの主催者の方々、私の講演を清聴し質問・批判をしてくださった方々、講演のテープ起こしをしてくださった方々にお礼申し上げます。

**注**

（1）この「自己責任」概念の分析は、私が別著で展開した「責任」概念の分析に依拠している。参照、瀧川裕英『責任の意味と制度』（勁草書房、二〇〇三年）二六頁以下。

（2）このことが示すのは、イラクでの人質事件で「自己責任論」を否定することは、住専問題を批判する根拠をも否定するということである。

（3）以上の自己責任論の分析によれば、自己責任論は効率性・自由・公平・平等の価値理念と結合している。しかし、この分析は「自己責任論がこれらの価値理念を最もよく捉えている」という主張を含意しない。例えば、自己責任論がある意味での自由の理念と結合しているとしても、自己責任論があるべき意味での自由の理念と結合していることにはならない。自己責任論が自由について一つの解釈を与えているということは、自己責任論が自由について最も優れた解釈を与えているということを意味しない。私自身は、こうした方向での自己責任論批判が可能だと考えている。

例えば、自己責任論と平等の関係を考えてみよう。本文で述べたように、自己責任論は確かに、人種差別や性差別を告発する根拠を供給する。しかし、宗教差別に関してはそうではない。なぜなら、宗教は個人の選択可能な事柄であるために、ある宗教を信仰する結果として差別されることは甘受すべきだという結論が、自己責任論から導出されてしまうからである。自己責任論からすれば、信仰に基づいて差別を受けたとしても、それは自己責任である。つまり、宗教差別に関していえば、自己責任論は差別批判論としてではなく差別擁護論として機能する。信仰による差別は不当だという一般的な信念を前提にすれば、このことは、自己責任論が平等の理念をあるべき意味で捉えることに失敗していることを示す。では、自己責任論と効率性、自己責任論と自由、自己責任論と公平の関係についてはどうだろうか。

（4）私は別稿で、自己決定論と自己責任論は峻別すべきであり、自己決定論が持つ「成長」という価値を自己責任論は欠いていると批判した。参照、瀧川裕英「自己決定と自己責任の間」『法学セミナー』二〇〇一年九月号、三二―三五頁。「挑戦」という価値に焦点を当てて自己責任論を批判する本稿の試みは、その見解を発展させたものである。

(5) 参照、宇都宮健児『消費者金融』(岩波書店、二〇〇二年)。

(6) この論拠は、憲法学で表現の自由を擁護する際にしばしば言及される「萎縮効果論」と論理的に同型である。

(7) 自己責任論は、責任実践の意味を負担の帰属に求める「負担責任論」に依拠している。私は別著で負担責任論を批判し、責任実践の意味を問責とそれに対する理由による応答に求める「応答責任論」を展開した。参照、瀧川裕英『責任の意味と制度』第四章、第五章。応答責任論によれば、なされるべきなのは、無言で責任を負わせることではなく、「なぜそんなことをしたのか」と問いかけることである。

(8) フィリピン政府が軍隊の撤退を決断した背景には、国民約八〇〇〇万人のうち約一〇%が海外で働き、その仕送り総額がGNPの一〇%に当たるというフィリピン特有の事情があったことが指摘されている。

(9) 当然のことながら念のため付言すると、「テロの要求に応じてイラクから自衛隊を撤退すべきか」という問題は、「早急にイラクから自衛隊を撤退すべきか」という問題とは異なる。また、「イラクへの自衛隊の派遣は正当か」という問題とも、「アメリカによるイラク攻撃は正当か」という問題とも異なる。例えば、アメリカによるイラク攻撃は不当であり、イラクへの自衛隊の派遣は不当であり、早急にイラクから自衛隊を撤退すべきだと考える一方で、テロの要求に応じてイラクから自衛隊を撤退すべきではないと考えることに、何ら矛盾は存在しない。

(10) T. M. Scanlon, *What We Owe to Each Other* (Harvard University Press, 1998), chap. 6.

(11) この欠点は、功利主義的理由を完全に否定し個人的理由のみを許容するスキャンロンの契約主義の理論構造に内在している。T. M. Scanlon, *What We Owe to Each Other*, p.229. この欠点は、D・パーフィットによって厳しく批判されている。Derek Parfit, "Justifiability to Each Person", *Ratio* 16-4 (2003), pp. 368-390.

# 国際比較で見た日本の自己責任論

醍醐　聰

## 自己責任をめぐる大状況と小状況

二〇〇四年四月七日、日本人三人がイラクで反米抵抗勢力に拘束されてから、無事解放され帰国して以降、しばらくの間、政府の退避勧告を無視して危険なイラクへ出かけ、世間を騒がせた、として三人の自己責任を問う議論が沸騰した。また、三人の救出を願って自衛隊の撤退を政府に訴えた家族に対しては、身内の無謀な行動を反省もせず、政府に外交政策の変更を求めるとは何ごとか、といった非難が浴びせられた。

他方、自己責任論をいわれのないバッシングと反論した人々は、三人の自己責任を問う政府要人の発言が、日本人にとってイラクを危険な地にした政府の責任を個人の自己責任にすり替える世論を先導したと力説した。また、彼らは、拘束された三人の行動を自業自得かのように突き放した一部マスコミの論調が、いわれのない自己責任論をかきたてたと、メディアの責任も強調した。

こうした主張の対立は容易に解けないかに見えるが、実はそれぞれ違った次元で自己責任を論じていたことに留意する必要がある。つまり、自己責任肯定派は、三人のリスク管理の甘さ、あるいは家族の礼儀作法や家庭での躾《しつけ》（道徳）を問題にしたのに対して、自己責任論への反論者はイラクで武器を持たない日本人が拘束されるという事件の背景事情（政府のイラク政策）を問題にしたのだった。

このように、自己責任肯定派の主張は、自己責任をイラクで拘束された三人のリスク管理のあり方に限定して論じたという意味で「小状況としての自己責任論」であったといえる。これに対して、自己責任論批判派の主張は、自己責任を拘束された三人の当事者責任に限定せず、むしろ、政府の責任、メディアの責任といった広い視野のもとに自己責任を論じた点で「大状況としての自己責任論」であったといえる。

この違いを確かめる上で参考になるのが、『通販生活』が行なった六人の論者の見解とそれに関する読者投票の結果（以下、「通販記事」と略す）である。この通販記事は二〇〇四年秋号で、イラクで拘束された三人の自己責任について、天木直人、江川紹子、大西健丞、大宅映子、野口健、森本敏の六氏の見解を掲載した。そして、同年冬号に、六氏の見解のいずれを支持するかを尋ねた読者投票の結果を掲載した。

そこで、まず、六氏の見解の要旨を紹介しておく。

天木直人（元レバノン大使）

政府が自己責任と称して人質を非難したことは、個人への圧力以外の何ものでもない。本来なら政府の命令に従った外交官二人の死に対する政府責任の方が重いはず。結局、自衛隊撤退を突きつけられたことをごまかすために政府・官僚が「自己責任論」を展開したのだと思う。この論理に市民がのると、自分の首を締めることになる。

江川紹子（ジャーナリスト）

人質が解放される前から政府やメディアは「自己責任」について言及し、全国からも非難の声が上がった。判断が甘かったかどうかは、まず彼らの話を聞かなくてはフェアではないはず。一般市民も「もし、自分の家族が人質だったら……」と想像力を働かせれば、「生きたまま焼き殺す」と言われた家族に対してもっと寛容になれたはず。

大西健丞（NGO「ピースウィンズ・ジャパン」統括責任者）

現在の日本は、紛争地帯などでの人道支援を積極的に行なうべき立場にある。今回のイラク人質事件は、官も民も関係なく現場で活動する人たちが情報を共有し、安全を確保するシステムを議論する絶好の機会だった。しかし、政治家や外務官僚は「自己責任論」に終始してしまい、「現場の人間を危険から守る」議論の機会を逸してしまった。

大宅映子（ジャーナリスト）

人質家族の「自衛隊は撤退しろ」や当事者の「またイラクで活動したい」発言には呆れてしまう。退避勧告を無視して事件を起こした責任を、まずはしっかり認めるべきだ。こうした事件のように、自己責任でやれることを何でも国のせいにしていると、国は非難される前に規制をたくさんつくって、今以上に国民をがんじがらめにしてしまう。

野口健（アルピニスト）

危険地域に自らの意思で入る場合、「十全の備え」と不測の事態になったときの「説明責任」が発生する。人質となった五人の場合、どちらも不十分なのだから、自己責任の面で批判されても仕方がない。確かに彼らの正義感は理解できるが、自らの決断と結果について反省もせず、ただ政府が悪いと他人のせいにするのはルール違反だ。

森本敏（拓殖大学教授）

政府の退避勧告を無視して事件に巻き込まれれば、社会的制裁を受けるのは当然。こうした事件を防ぐためにも、今後はジャーナリストやNGOがプロのレベルかどうか判断できる仕組みが必要だ。また、在留邦人の保護が政府の義務だとしても、日本は軍隊を派遣できないのだから、「自己責任で行くならどうぞ」となるのは仕方がない。

これら六人の見解に対する読者投票（投票総数一二三〇一二票）の結果は次頁の表のとおりだった。

そこからもわかるように、男女とも最も支持が多かったのは大宅映子氏の意見であった。大宅氏の見解は、「気高い精神があったとしても迷惑をかけては意味がない」、「一言の挨拶もなく自衛隊撤退を求めた家族に国民の多くが違和感を持った」という指摘に見られるように、三人のリスク管理の甘さや家族の礼儀作法の次元で自己責任（当事者責任）を問題にしていたことがわかる。また、野口、森本両氏の見解が三人の個人としてのリスク管理（の甘さ）に焦点を当てて、自己責任を論じていたことは一見して明らかである。

他方、自己責任論に批判的な見解を示した天木、江川、大西の三氏のなかでも天木氏の見解は、拘束事件と絡んだ自衛隊撤退問題に焦点を当て、当事者のリスク管理責任よりも、事件の背景にあった政府の外交政策の責任に焦点を当てたところに特徴があった。また、大西氏はリスク管理の問題に焦点を当てながらも、それを当事者責任の問題としてではなく、官民共同で対処すべき次元の問題として論じている。なお、江川氏は、当事者責任を土俵にしながらも、「共感」、「寛容」をキーワードにして、自己責任肯定派とは逆の主張をしている。

**表　6人の論者への支持投票の集計結果**（有効投票総数2286票）

| 氏　名 | 合　計 | 男　性 | 女　性 |
|---|---|---|---|
| 大宅映子 | 565 | 262 | 298 |
| 野口　健 | 460 | 178 | 275 |
| 天木直人 | 390 | 160 | 220 |
| 江川紹子 | 378 | 124 | 248 |
| 森本　敏 | 248 | 141 | 101 |
| 大西健丞 | 245 | 91 | 153 |

・合計の数字と男女を足し合わせた数字の差は性別不明分
・『通販生活』2004冬号，122頁

通販記事はこのように六氏の見解を掲載した後で、自己責任肯定派と批判派に分けて、投票者から寄せられた意見を紹介している。そこには、インターネットの「2ちゃんねる」に見られたような匿名の陰湿な自己責任論とは違った、平均的な日本人の意識がわかりやすくあらわれている。

まず、自己責任肯定派の意見を見ると、「自らの責任を棚上げして国家に対して自己主張をヒステリックに、しかも不遜な態度で繰り返せば、多くの国民が非難するのは当然」といった指摘がある。このほか、「「他人に迷惑をかけるな」ということは、子どもを育てる時に最初に教えるルールです。……親の躾のなさ、教育の低下、無責任が原因ではないかと思う」、「江川氏は「いつからこんな不寛容な社会になったのか」と言うが、私は「いつからこんな利己的な言動をする日本人が増えたのか」と憂えています」、「自由をはき違えているのではないか」といった躾論、道徳論も少なくない。

他方、自己責任論批判派の意見を見ると、「彼らの活動内容には触れずに、終始「自己責任」のみで責め立てられていたのはひどすぎる。マスコミや政治家がこんなに個人攻撃をしていいのだろうか。日本はこわい、こわすぎる」、「国の方針と少しでも違うことをすれば（それが良いことであっても）、国以上に一般市民から批判されてしまう。まるで戦時中みたいではないか」、「最も恐ろしいのは、今回の政府による「逆ギレ」を支持する一般人が多かったこと。自分たちが政府の価値観を内面化し、飼いならされていることに気づいておらず、強者と一緒になって弱者をたたいている姿にゾッとした。責めるべきは政府の怠慢であるのに」といった意見が見られた。

確かに、戦時下のイラクでの拘束事件となれば、危険な地にあえて出向いた当事者のリスク管理のあり方が問われるのは自然なことである。しかし、一部の論者のようにイラク行きを「冬山登山」になぞらえて論じるのは不適切である。なぜなら、冬山登山にまつわる危険は悪天候といった自然現象に起因するものであり、通常は、人為的な背景事情があるわけではないからである。

これに対して、イラクでの拘束事件は、イラクを占領統治するアメリカとその同盟者とみなされた日本政府へのイラク住民の反発という人為的要因が強く作用していた。より具体的には、当時、ファルージャで強行されたアメリカ軍の「掃討作戦」――実態は、地元住民に対する無差別の殺戮行為――で一気に高まったイラク住民の反米感情、そして、そのアメリカの同盟者とみなされた日本からの自衛隊派遣といった政治的背景を抜きには起こりえなかった。この意味でイラクでの日本人拘束事件の発生原因となったリスクは、当事者のリスク管理の巧拙だけでは説明できない政治的要因が作用していたことは否定できない。

## 「自己責任論」の問いかけ方

もっとも、そうは言っても、自己責任肯定派が終始、「小状況としての自己責任」に議論を集中したのかというとそうではなかった。政治学者や外交専門家、ジャーナリストのなかには、私が言う「小状況としての自己責任」に焦点を収斂させる過程で、「大状況としての自己責任」に言及し、政府の責任を拘束された当事者の自己責任へと巻き返す議論も顕著であった。そのために用いられたのが、「テロに屈して国の外交政策を変更することがあってはならない」、「今のイラクで人道支援活動をできるのは自衛隊のみ。民間人やジャーナリストは危険だから近づくな」という発言であった。

そこで、本稿では、「大状況としての自己責任」と「小状況としての自己責任」の関係を単なる「論」の次元でではなく、わが国の場合と同様、イラクで自国民が反米武装勢力に拘束された当事国で、政府は事件にどう対応したか、国内の世論などの反響はどうであったかを検証し、それを素材にして、大小の責任論がどのような関係で論じられたか、それぞれの責任はどのように処理されたかを吟味することにしたい。

また、こうした検証を通じて、これまで、ともすればマイナス・イメージで語られがちだった「自己責任」を、過酷な戦地に身を置いた人間一人ひとりに問いかけられる能動的な責任とは何なのか、という重いテーマを考える素材としても活かせないかと思っている。

## イラクで自国民が拘束された事件に関する当事国の反応

アメリカ軍によるイラクへの武力介入が始まって以降、イラク入りした各国のジャーナリストやボランティア、あるいはビジネスマンが当地で拘束され、身柄の解放と引き換えに、軍隊の撤退要求が突きつけられるといった事件が多発した。

では、これらの事件に対する当事国政府の対応、国内世論はどうだったのだろうか？　各国でも、日本の場合と同じような、拘束された個人のリスク管理責任を追及する自己責任論が噴出したのだろうか？　ここでは、イタリア、オーストラリア、カナダを例に挙げて、この点を検証してみたい。

なお、韓国でも自国民がイラクで拘束され、殺害されるという痛ましい事件が起こり、韓国国内でもこの問題をめぐって議論が沸騰した。しかし、これについては、本書の次の章で詳細に事実経過が記され、論評もされているので、本稿では触れないことにする。

### (1)イタリアの場合

イラクで自国民が拘束される事件がもっとも多発したのはイタリアである。イタリアは二〇〇三年六月から、イラク南部ナーシリヤを中心に約三〇〇〇人の部隊を派遣している。その規模は米英韓三カ国に次ぐ四番目であった。ところが、二〇〇三年十一月に、イタリア駐留軍司令部への自爆攻撃で一九人の犠牲者が出たほか、二〇〇四年四月にはアメリカの民間警備会社で働く四人のイタリア人がファルージャ近郊でイラクの抵抗勢力に拘束され、イタリア軍のイラクからの撤退を要求されるという事件が起こった。さらに、同年八月にも、イタリア人のフリージャーナリストがイラクで拉致され殺害される事件が発生した。しかし、この間、ベルルスコーニ首相は、「テロに屈した撤退はありえない」と繰り返し、二〇〇四年四月に起こった上記の拘束事件のときも、「われわれの平和への努力には影響しない」という声明を発表した。

こうしたイタリア政府の強硬姿勢を揺り動かしたのは、二〇〇四年九月七日に発生した二人のイタリア人ボランティアがバグダッドで拘束された事件の顚末だった。二人は、イタリアのNGO「バグダッドへの架け橋」(Un Ponte Per Baghdad)に所属したシモーナ・パリさんとシモーナ・トレッタさんだった。事件が伝えられると、イタリア国内ではイスラム教徒も参加して二人の解放を求めるデモが行なわれた。結局、二人は三週間後の九月二十八日に無事解放されたが、その間、イタリア政府と犯人グループとの間でどのような交渉があったのかについては、双方とも明らかにしていない。

いずれにせよ、解放の報が伝わると、ローマのコロセウムは特別にライトアップして二人の無事帰国を祝い、県庁前には虹色で書かれた「お帰りなさい」(BENTRONATE)の文字が掲げられた。また、市内の繁華街では解放を喜ぶポスターが掲げられた。

二人は翌十月五日、バチカンでローマ法王(当時)ヨハネ・パウロ二世に面会し、法王が二人の解放を世界に訴えたことに謝意を表した。

では、政府の対応はどうであったか。ベルルスコーニ首相は、このときもイラクへの派兵方針に変化はないと明言した。しかし、政府がチャーターしたジェット機で二人がチャンピーノ空港に到着したときは、首相自ら空港で二人のシモーナを出迎えた。また、フランコ・フラッティニ外相はアル・ジャジーラのインタビューに答えて、アラブ・イスラム世界が二人の解放のために尽くした多大な助力に謝意を表すとともに、こう語った。

われわれは身代金を払っていない。なぜなら、われわれが行なってきた仕事、〔解放された〕二人のボランティア女性がバグダッドの人道支援施設で多数のイラク人を助けるために行なってきた仕事が身代金だからだ。(Italian aid workers freed, NEWS ARAB WORLD, http://english.aljazeera.net/NR/exeres/DE75587F-5447-4BD1-946A-FAF05C4E2CD5.htm)

話を当事者二人に戻すと、帰国の翌日(九月二十九日)、シモーナ・パリさんはイタリア北部の実家の前で記者団に対し、「イラクの子供や女性、友人が恋しい。早くイラクへ戻りたい」と話し、今後もイラク支援活動を続ける意向を示した。また、「イラクのひどい現状を改善するため、私たちは訴えていかなければならない」とも語り、それは「外国部隊撤退も含めた訴えだ」と答えた(http://www2.asahi.com/special/iraqrecovery/TKY200409300257.html)。

これに対して、連立与党の一部議員は、「有名になったのを利用して、政治的な得点を稼ぐ二人のシモーナには腹が立つ」と非難し、「政府にきちんと感謝すべきだ」、「日本でも議論されたように、帰国費用を本人たちに支払わせればいいのだ」と怒りをぶちまけた。

二人は帰国当初は「イタリアやイスラム教徒の人々に感謝している」と述べ、政府には直接言及しなかった。しかし、上記のような政治家の発言を受け、九月三十日に開いた記者会見では、アラブ世界、イタリアと世界のイスラム社会、政党、政府、赤十字、イラクの人々に感謝したい、と語った。なお、この会見には、高遠菜穂子さんも同席し、「なぜ拉致事件が起こるのか、背景を議論していかなければ」などと述べた（http://www2.asahi.com/special/iraqrecovery/TKY200410010299html）。

また、もう一人のシモーナ・トレッタさんは、イタリア紙『コリエーレ・デラ・セラ』のインタビューのなかで、「私はテロと抵抗は区別する。一般市民の拉致には反対だが、（イラク人の米軍などに対する）ゲリラ戦は正当なものだ」と語った。さらに、イラクに派遣されたイタリア軍は疑いなく撤退すべきだ」とも述べ、イラク暫定政府は「米国人に操られたかいらい」と断じた（『読売新聞』二〇〇四年十月六日午前二時三六分更新、傍点筆者）。

以上が二人のシモーナ拘束事件の顛末であるが、それから半年後の二〇〇五年三月四日に、イタリア政府ならびに国民にとって、さらに衝撃的な事件が起こった。それは、同年二月四日にバグダッドで反米抵抗勢力によって拘束されたイタリア紙の女性記者ジュリアナ・スグレナさんが一カ月後に解放されたのも束の間、バグダッド国際空港に向かう途中、米軍検問所を通過しようとした際に、米兵から銃撃され、スグレナさんに付き添っていたイタリア国防省の情報部員が死亡するという事件である。このとき、スグレナさんら同行の三人も負傷した。

米軍は、検門所に向かってきた車両を制止しようとして警告したが、運転手が止まらず、兵士らがエンジンを撃った、と発表した。しかし、スグレナさんは自分が所属する『イル・マニフェスト』の紙面で、彼女を拉致した犯人たちが解放の際、「あなたの帰還を望んでいないアメリカ人がいるから注意するよう」警告を受けたと記し、「誤射」説に強く反論した。

スグレナさんは、バグダッド市内のイスラム教スンニ派のモスクでファルージャからの避難住民らを取材後に抵抗勢力に拘束されたが、二月十六日に犯人グループはイタリア政府に対して、イラクからの撤退を求めるビデオ映像を流した。ローマでは事件が報道されると、スグレナさんの解放を求めるデモが起こり、約五〇万人が参加した（『東京新聞』二〇〇五年二月十八日）。

この事件を機に、それまで一貫してアメリカと協調行動を取ってきたベルルスコーニ首相は三月十五日、イラクに派遣したイタリア軍を同年九月から段階的に撤退させると表明したが、八月十三日に、一カ月前倒しで、兵士百数十人の撤退を始めたと発表した。

## (2)オーストラリアの場合

オーストラリアのハワード政権は、アメリカとの軍事面での同盟関係を重視し、米国によるイラク侵攻以降、約九〇〇名の部隊をイラクに派遣してきた。そして、ハワード首相は、同国国防軍が対イラク軍事攻撃に参加していること、特殊部隊をイラクに投入していることもこれまでに明らかにしている。さらに、オーストラリア政府は二〇〇五年二月には、日本の自衛隊およびエンジニアの安全確保を目的にして新たに四五〇人の部隊をイラクに派遣すると発表した。

このように自国政府が米国との緊密な軍事的共同行動を貫いたことから、二〇〇四年四月二十三日付『オーストラリアン』紙はニューズポール世論調査を引いて、国民の六五%が「イラク戦争に参加したことにより、テロリストの攻撃を受ける可能性が高まった」と考えていると報じた。これに先立ち、ケルティ連邦警察長官も、民放インタビューに対して「参戦により、テロの危険性が高くなった」とコメントしたが、ハワード首相は、多くの犠牲者を出したバリ島爆弾テロが発生したのはイラク参戦の前で、同長官の発言は適切ではないと批判した（http://nna.asia.ne.jp/free/tokuhou/030106_bgw/251_260/b259.html）。

これまでのところ、オーストラリア国内ではイラク参戦が原因とみられるテロ事件は起こっていないが、上記の世論調査の結果が報道される九日前の二〇〇四年四月十四日に、オーストラリア人で人道支援活動家のドナ・マルハーンさんが活動仲間と車でバグダッドに戻る途中、米軍と抵抗勢力の交戦に巻き込まれ、スンニ派とみられる抵抗集団に身柄を拘束されるという事件が発生した。マルハーンさんはアメリカによるイラク開戦時には「人間の盾」（human shield against the US-led coalition）としてイラクに入り、事件当時はファルージャで市民に救援物資を配給していたといわれている。

当時、ファルージャでは、アメリカ人四人の撲殺事件に対する報復攻撃として、米軍がファルージャに対して、激しい「掃討作戦」を展開した直後で、当地住民の反米感情が一気に高まっていた最中のことだった。拘束後、マルハーンさんは犯人グループにスパイの疑いを持たれて尋問されたが、野党労働党の党員で、次期総選挙でハワード政権を打倒するために活動していると説明したところ、拘束から二〇時間後にバグダッドに戻され、解放されたという。

解放後、ハワード首相がマルハーンさんのイラク入りを「無謀な行動」（foolhardy）と非難した。

また、ダウナー外務大臣も彼女の行動を「戦地を歩き回る無謀な行動」と非難し、もし、米国海軍が気に入らないなら、ファルージャに出かけるのではなく、アメリカに出向き、ホワイトハウスの前で大きな旗を立てて、「私はオーストラリアから抗議に来た」と言えばよい、と言い放った。しかし、マルハーンさんも、ひるまず、首相が激情的なコメントを発表したこと、それがイラクのマスコミにより広く報道されたことで、自分の身の安全が脅かされた、と反論した（http://www.theage.comau/ airicles/2004/04/16/1082055630656.html）。

この事件をめぐるオーストラリアの世論がどうであったかは残念ながら、確かめられていないが、オーストラリア国営放送ＡＢＣの記者によるマルハーンさんのインタビューのなかに自己責任論に関わるやりとりがあるので、紹介しておきたい。

記者　当然のことながら、あなたがファルージャに出かけ、あなた自身をあえて危険にさらしたことについて、批判があると思います。そもそも、そういう危険な地にとどまるべきではなかったという批判に対して、あなたはどのように答えますか？

マルハーン　確かに、皆さんは、ファルージャの人々を支援するために私がそこへ出かけたことを批判されるかも知れません。しかし、当時、ファルージャにいたことは私の個人的選択なのです。……居間にすわって〔ファルージャの〕絶望的な状況を見守ることを選ぶ人々もいれば、その状況について何かをしようとする人々もいます。私は後者の一人です。……私は自分の信念にしたがって行動したいのです。ですから、私はあの日、危険を十分承知のうえでファルージャにとどまることを選んだのです。(http://www.abc.net.au/worldtoday/content/2004/s1-88952.htm)

### (3) カナダの場合

カナダはいわゆる「有志連合」に参加せず、イラクに軍隊を派遣していなかった。ところが、二〇〇四年四月六日に、シリア系カナダ人のファディ・ファデルさんがイラク・ナジャフの事務所で抵抗勢力に拘束される事件が起こった。ファデルさんはイラクで人道支援活動に携わっていたが、ユダヤ人と間違えられたうえ、スパイの疑いをかけられたのが拘束の理由だったらしい。家族やカナダ政府が本人の身元をイラク国内やアラブ諸国のマスコミを通じて必死に訴えた甲斐あってか、事件発生から一〇日後の十五日に無事解放された。イラクへ軍隊を派遣しておらず、犯人グループから政治的な要求を突きつけられたわけでもなかったカナダ人の拘束事件は、わが国や先に見たイタリア、オーストラリアとは事情が違う点はあるが、事件発生から解放までの間にカナダ政府がとった対応、市民の反応には興味深いところがあるので、簡潔にそれを紹介しておきたい。

事件発生後、ポール・マーチン首相は自ら、家族と連絡をとり、情報の提供に努めた。ただ、カナダはイラクに公館を置いていなかったことから、地元の仲介者を通してしか、犯人グループと折衝ができなかった。そのため、家族によれば、政府からはほとんど有益な情報はもたらされなかった。しかし、それでも、ビル・グラハム外務大臣は四月十二日に発表した声明のなかで、「われわれはファデルさんの状況、健康状態を非常に心配しており、彼がすみやかに安全に解放されるよう要望する」と述べたうえで、「われわれはわれわれの権限において、彼が帰国できるよう、できることは何でもするつもりである」と付け加えた。

また、ファデルさんが無事解放された折には、同大臣は、カナダ放送協会の記者に対して、ファデルさんのことを「他者のために自分の生命の危険を覚悟し、イラクの若者のために人道支援活動を行なったカナダ人」と評した。また、「われわれは彼が家族と再会できて安堵している」とも語った（以上、CTV NEWS with Loyed Robertson, Fri. Apr. 16 2004 10:56 PM）。

ファデルさんも、帰国後、カナダ政府、マーチン首相、グラハム外務大臣に対し、解放に向けた尽力に感謝の意を表した。実家では友人や近所の住民が、拘束中に過ぎてしまったファデルさんの三十三歳の誕生日を祝うためにと地元のベーカリーが差し入れた特大のバースデー・ケーキを用意して彼の帰宅を出迎えた。また、道路を隔てた向かいの住民は自分が使っていたリムジンをファデルさんに寄贈した。

なお、ファデルさんはカナダ放送協会（CTV. ca）のインタビューに答え、イラクの子供たちは悲惨な状況にある、だから、そこから退くわけにはいかないので、ニューヨークを拠点にした国際救援委員会の仕事に復帰したいと語った（CTV.ca, Article News, Apr.20 2004 11:31PM）。

## 国際比較から見えてくること——国益による個人の自己決定の管理に抗して

以上見てきたイタリア、オーストラリア、カナダの例を比較検討すると、イタリアとオーストラリアでは、イラクで拘束された当事者の自己責任を問う声が政府部内あるいは与党政治家から起こったのに対して、カナダの場合はそうした論調が全く見られないばかりか、政府首脳が拘束された青年の家族と緊密に連絡をとり、解放のために全力をあげる意向を伝えたところに大きな違いがあった。その理由として、米国との同盟関係を維持し、自国軍隊のイラクへの派遣・駐留を貫こうとしたイタリア、オーストラリアと比べ、そうした外交・軍事政策の縛りがなかったカナダの場合は、事件への対応をめぐって、自由度が大きかったという事情があったのかも知れない。

しかし、このような政府の対応に違いがあったにせよ、イタリア、オーストラリア、カナダと日本とでは、イラクにおける自国民の拘束事件への反応に、次のような根本的な差異があった。それは、一口でいうと、政府の外交政策と国民の行動の関係をめぐる認識・評価の差異である。カナダでは、グラハム外相は、解放された自国の青年がイラクで行なってきた人道支援活動を称えた。アメリカとの同盟関係を重視して、イラクへの派兵方針を貫いてきたイタリアでも、フラッティニ外相は、解放された二人のボランティア女性がバグダッドの人道支援施設で行なってきた仕事を「身代金」にたとえて称賛した。

これに対し、わが国では、イラクで拘束された五人がイラクで行なおうとした、あるいは行なってきたボランティア活動や取材活動の意義、実績、役割に対する政府の関心、評価はきわめて低く、彼らの行動の価値を、政府の対イラク政策（実態は対米同盟関係の維持）に従属させ、彼らの行動を評価する規準として、リスク管理責任を喧伝した。

このように議論を進めると、「気高い〔人道〕精神があったとしても迷惑をかけては意味がない」という大宅映子氏の主張が思い起こされる。この主張が正当かどうかを判断するには、イラクで拘束された三人の行動によって、誰が、どういう迷惑を蒙ったのかを明らかにすることが是非とも必要である。これについて、当の大宅氏がどう捉えていたかは別にして、私は、事実の文脈からして、「迷惑」を蒙ったのは日本政府だったと解釈するのが理にかなっていると考えている。

なぜなら、一連の拘束事件をきっかけにして、政府の対米追随的な自衛隊派遣に潜在していた「大状況」としての国家の責任——それまでイラク人との友好関係を保ちながら人道支援活動を行なってきた民間のボランティアでさえ、彼らが日本人であるがゆえに、イラク人から敵視され、拉致・攻撃の対象にされるという国の外交政策に起因する政治的リスク——が顕在化することは、対米同盟関係を堅持することを基本原則とした日本政府の外交方針のアキレス腱を一挙に露呈させる結果になるからである。こうした解釈は、事件発生当時の与党幹部の次のような発言からもうかがい知ることができる。

公明党の神崎武法代表も北海道帯広市で講演し、「イラクは民間人が動き回るには危険だ。同じ事件が起きる可能性もあり、ボランティアには国外に退去してもらうことが大事だ」と指摘。

同党幹部は記者団に「三人が解放されて、帰国後にヒーロー、ヒロイン扱いされ、自衛隊撤退を訴えられたら厄介だ」と、解放後に自衛隊撤退論が高まる展開に懸念を示した。（http://www.kyodo-np.co.jp/kp/topics/2004apr/11/k20040411MKA1Z100000065.html）

また、民間ボランティアによるイラクでの人道支援が現地で信任を得て定着していくことは、人道支援を大義名分にして自衛隊をイラクへ派遣した日本政府の粉飾外交にほころびをもたらす恐れもあった。日本政府がイラクのサマーワおよびムサンナ州で給水活動にあたっていたフランスの非政府組織（ＮＧＯ）、ＡＣＴＥＤに対して、二〇〇四年四月に三五万ドル（給水車三五台分のレンタル料など）の無償資金協力をしたことは、日本政府がイラクから退去することを望んだのは民間ボランティア一般ではなく、「日本の」民間ボランティアであったことを物語っている。

なぜなら、政府は、①日本人ボランティアがイラクで拘束され、日本の対イラク政策の変更を迫る「人質」として彼らが利用される事件が再発することを恐れたこと、②自衛隊による「人道復興支援事業と競合する活動を民間ボランティアがイラクで活発に展開するとなると、自衛隊が人道復興支援の柱にした給水支援活動などの貧弱な実態――浄水の半分以上をオランダ軍（当時）と自分たちで自家消費していたこと、給水能力においてもＮＧＯの能力の比ではなかったこと――が一目瞭然となり、自衛隊のイラク派遣の大義名分が揺らぐことを恐れたこと、③そのため、人道復興支援活動を国家が一元的に管理し独占する形を確保しようとしたこと、が考えられる（これについては、綿井健陽「綿井健陽のイラク現地報告——自衛隊派遣から半年　サマワの現実と幻想」『論座』二〇〇四年九月、を参照せよ)。

このように見てくると、イラクでの日本人拘束事件をめぐって、「大状況としての国家の責任」を「政府の邦人保護責任」と捉える議論は、問題の本質を見失う見解と言わなければならない。なぜなら、政府の邦人保護責任は、外見的には、「大状況としての国家の責任」の一部といえるが、事件の因果関係をたどって、責任の帰属を検討する場合には、それは「小状況としての当事者のリスク管理責任」を補完する公的なセーフティ・ネットでしかないからである。イラクでの日本人拘束事件を主題にして、責任の帰属を因果的にたどる場合に問題とすべき「大状況としての国家の責任」は、あくまでも、事件発生の究極の原因と考えられる、日米同盟関係を軸にした日本政府の外交方針、とりわけ、その象徴としての自衛隊のイラク派遣がはらむ政治的リスクを負担すべき責任と捉えるのが合理的である。このように理解してはじめて、国家が負担すべき政治的リスクを、拘束された当事者個々人のリスク管理責任に矮小化し、転嫁しようとした政府与党の政治家や一部メディアの喧伝した自己責任論のレトリックを反証する論理が開けてくる、と私は考えるのである。

さらに、本稿で提示した「大状況としての国家の責任」を「小状況としての市民の自己責任」に転倒させる現象の分析は、市民の自律的行動の権利を国家主義的「公共の利益」(国益)の管理の下に置こうとする近時のわが国の政治社会状況に対する警鐘にも通じる、と筆者は考えている。

現に、自由民主党が二〇〇五年八月一日に発表した「新憲法第一次案」の第十二条（国民に保障する自由と権利に関する規定）の改正案の後段を見ると、現憲法では、「又、国民は、これを濫用してはならないのであって、常に公共の福祉のためにこれを利用する責任を負ふ」となっているのを、「国民は、これを濫用してはならないのであって、自由及び権利には義務が伴うことを自覚しつつ、常に公益及び公の秩序に反しないように自由を享受し、権利を行使する責務を負う」と改訂するものとしている。

さしあたってここでの問題は、国民の自由と権利を制約する「公共の利益」、「公の秩序」とは何か、誰がその内容を決定するのかという点である。その意味するところが、自立した個人を前提にして、その責任を問うかのような体裁をとりつつ、実際には、ボランティアやジャーナリスト、さらに広くは市民一般が国家の意思と異なる自己決定をしようとするのを封じるための用語であるなら、それは前近代的な「迷惑」論で個人の自己決定の自由と権利を抑圧するアナクロニズム（時代錯誤）でしかない（この点については、佐藤直樹「イラク人質事件と日本の「世間」」（『法学セミナー』五九七号、二〇〇四年九月、五七頁／醍醐聰「自己責任論の深層にあったもの」『季刊 軍縮地球市民』創刊号、二〇〇五年夏、一九四―二〇三頁を参照）。

真に近代的な自己責任とは、そうした国家主義的な「公の秩序」に制約された個人の責任でもなければ、世間にかけた「迷惑」を「お詫び」する受動的でマイナス・イメージの儀式でもない。むしろ、それは、国家からも「世間」の呪縛からも自立した個人、国籍を超えた地球市民に求められる能動的な責任にほかならない。「イラクで見た市民、子供たちの悲惨な実態を伝えること、救援を求める人がいるかぎり、そこへ出かけ、支援の手を差し延べることが私の自己責任」と語った高遠菜穂子さんら五人こそ、こうした能動的自己責任を身をもって実践した先駆者であった、と私は思うのである。

# 韓国からの報告

## ——イラクでの韓国人拘束事件をめぐる報道と世論の動向

韓　静妍

このレポートは、イラクでの外国人拘束事件の一つである韓国人金鮮一《キムソンイル》氏の殺害事件をめぐる、韓国国内の言論および世論の動向をまとめて報告するものである。日本人拘束事件の時に日本国内では自己責任論が浮かび上がったのに対し、韓国ではそのような動きはなく、立場は異なっても、主に政府を批判する世論が支配的だった。ここでは主に新聞の記事などを直接に引用しながら、そういった韓国の世論の動向をマスコミやインターネットを中心にみていく。

**事件の概要**

まず事件の経過を簡単に記しておこう（以下はすべて二〇〇四年）。

五月三十日　　カナ貿易職員の金鮮一氏、イラク中部のファルージャ付近で拉致。

六月十八日　　韓国政府、イラク追加派兵案の確定発表。

六月二十一日　午前四時（韓国時間）、アル・ジャジーラ放送、金鮮一氏拉致事実を公開。武装勢力、「韓国が二十四時間以内に韓国軍の撤退要求を受け入れなかったら金氏を斬首する」と警告。

六月二十一日　午前十時、韓国外交通商部、「派兵原則に変わりはない」と発表。

六月二十二日　午後十時二十分、バグダッドからファルージャ方向へ三五㎞離れた地点で遺体を発見。

六月二十三日　午前二時アル・ジャジーラ放送、金鮮一氏斬首関連ビデオ放映。外交通商部は、拉致されたのは六月十七日と言われていたが、実は五月三十日だったと認める。

六月二十五日　外交通商部、六月三日AP通信から金鮮一氏拉致に関する確認の電話があったことを認める。

この事件に対して、韓国のメディアはどのように報じたかを見てみよう。

まず、韓国の代表的な保守系新聞『朝鮮日報』は、六月二十三日、「拉致から遺体発見まで」を次のように報じた（以下、訳文はすべて拙訳による）。

金氏は去年六月十五日、イラク駐屯米軍に食材を供給するカナ貿易のアラビア語通訳官としてイラクへ行った。金氏は五月三十一日バグダッドから二〇〇㎞ぐらい離れている米軍リブジ・キャンプへの出張から帰って来る途中でイラク職員一人と一緒にイラク武装勢力に拉致されたと言われている。カナ貿易のキム・チョンホ社長は金氏が拉致されたことを知って武装勢力との個人的な交渉を試みたが、現地の韓国大使館には金氏の拉致事実を知らせなかった。

アル・ジャジーラ放送が金氏の拉致ビデオテープを初めて放送したのは韓国時間で二十一日午前五時だった。このテープのなかでイラク武装勢力は、「二十四時間以内に韓国軍が撤収しなければ人質を斬首する」と威嚇した。

政府は二十一日午前八時、国家安全保障会議（NSC）を開いて「イラク派兵は平和と再建のため」と言って派兵原則に変わりがないことを確認し、金氏釈放のための各種ルートを模索した。またチャン・ジェリョン外交部本部大使などの交渉代表団をヨルダンに行かせ、アル・ジャジーラ放送などを通じて、イラク派兵の目的が戦闘支援ではなく平和・再建支援にあるという点を集中的に広報した。しかし（のちに）金氏の遺体を調査した米軍軍医は「金氏は二十二日午前八時から九時の間に死亡したと推定される」と明らかにしているので、チャン大使が現場に到着する前に金氏は既に殺害されていたと思われる。テロ犯が提示した時限から三時間過ぎた時点だった。

このような事実を知らないまま、二十二日午後にも国内では武装勢力が提示した交渉時限二十四時間を越えてなお交渉は継続中だという消息が伝わって、無事釈放への期待が大きくなったりもした。二十二日午後六時頃にはアラブ衛星TVアル・アラビヤが「韓国人抑留の拉致犯、要求時限延長」との字幕を流し、政府関係者もこの日の夜十時頃外交部に来たノ・ムヒョン大統領に「希望が見え始めたようだ」と報告した。釜山《プサン》にいる金氏の家族も無事帰還への希望を持ち始めた。

しかし、それからわずか二〇分あまり経った二十二日の夜十時二十分（現地時間で午後五時二十分）、イラク駐屯米軍当局はバグダッドからファルージャ方向へ五六㎞離れた地点で東洋人と推定される遺体が発見されたとイラク現地の韓国軍に知らせた。イラクの韓国大使館はただちに、夜十一時頃外交部にこの事実を報告した。

イラクの韓国大使館は、二十三日午前〇時四十五分、米軍が電子メールで送った遺体写真が金鮮一氏であることを確認した。またイラク大使館領事とカナ貿易の金社長が現場に行って、（遺体が）金氏であることを直接に確認した。

アル・ジャジーラ放送は二十三日午前一時三十分頃、金氏殺害の内容を録画したビデオテープを報道した。アル・ジャジーラ放送は、武装勢力のメンバーが金氏を前に坐らせて声明文を読む場面までを放送し、斬首場面は流さないまま、あとはアナウンサーのコメントで伝えた。外交部スポークスマンのシン・ボンギル氏は午前二時、金氏の死亡事実を公式発表した。（『朝鮮日報』六月二十三日）

ところで、金鮮一氏とはどういう人物なのか。これについて、『連合ニュース』（韓国唯一の総合通信社）は、次のように伝えている。

イラク武装勢力に拉致された金鮮一氏は釜山神学大学と韓国外国語大学を卒業して、去年六月からイラク入りしてバグダッドの米軍請負会社で通訳業務に従事していた。

一九七〇年九月生まれの金氏は九四年二月釜山神学大学を卒業した後、義務兵役を経て二〇〇〇年三月韓国外大分校アラビア語学科に三年生として編入、去年二月に卒業した。

妹のジョンスク氏（三十三）によれば、金氏は釜山外国語大学英文学科と釜山神学大学などを経て韓国外大に編入したという。

韓国外大アラビア語学科の学科長であるソン・ジュヨン教授は、「金氏は年をとってから大学に通いながらも真面目に勉強して優れた成績を修めた」と話した。

金氏は信仰心も深くて、一時牧師になるために神学大学に入学したが、その後アラビア語に興味を持つようになって韓国外大への編入を決心した。

金氏の家族によると、「鮮一は篤実な（キリスト教）信者で、そのうち牧師になる予定だった。去年四月慶南密陽であった親戚の結婚式に出席した時は、「イラクへ行くけど通訳官として行くから大丈夫だ」と言っていた」とのことだ。

金氏は大学を卒業してから米軍請負会社であるカナ貿易に入社、去年六月十五日にイラクへ行って一年間現地で働いてきた。父親の喜寿宴に参加するために来月帰国する予定だった。

(『連合ニュース』六月二十一日)

また、友達のシム氏によると、「鮮一は大学院進学のための学費をかせぎにイラクに行った」、「去年六月八日に一年契約で出国したが(カナ貿易の)社長が帰らせてくれなくて今年の末まで契約を延長をした」という。さらに、「最近の鮮一からの連絡では、五月末に休みをとろうとしたが(それもできず)、現地の状況が悪くなってからは、午前中は働いて残りの時間は一日中ホテルでばかり過ごしているという話も聞いた」とシム氏は話した(『連合ニュース』六月二十一日)。

## 殺害以前

### (1) 家族

金氏の拉致が明らかになってから、家族はどのように反応したかを見てみよう。金氏の家族は政府の追加派兵についてどう思うかという記者の質問に対し、「本来は派兵すべきだと思っていたが、こんな状況では息子の命を救うのが優先だ」、「政府は派兵を再検討して、どのようにしてでも鮮一を救出すべきだ」、「政治のことはよくわからない。必ず生きて帰って来ることだけはお願いする」、「追加派兵さえしなければ問題ないじゃないか」などと答えた(『朝鮮日報』六月二十一日)。

また、両親は釜山で開かれた派兵反対集会にも参加して、救出を乞うた(『ハンギョレ新聞』(日刊紙のなかでは最も進歩的な左寄りの新聞)六月二十一日)。

きしてみよう。

(2) 世論

それに対して、世論はどのように反応したであろうか？　いくつかのメディアの記事から抜き書

市民らは衝撃と恐怖に包まれて、「韓国人もテロの対象になったのか」、「ぜひ金氏が無事帰って来ることを祈り、政府が最善を尽くさなければならない」と口を揃えた。派兵に関する賛否論争も激しくなった。……外交通商部と国防部、言論社のホームページには、金氏の無事帰還を政府に求める文が殺到した。……市民団体は「政府は追加派兵計画を即刻撤回すべきだ」という声明を発表し、金氏の無事帰還と派兵撤回のための蝋燭集会（平和を祈る目的で二〇〇〇年代以降に登場した、蝋燭を持って行なう集会）を行ないはじめた。（『朝鮮日報』六月二十一日）

ネティズン（ネット・シティズン〔Net Citizen〕の略で、インターネット上で活動する市民）たちはインターネットを通じて時時刻刻と伝わってくる韓国人拉致関連ニュースに対して続々と文章を載せながら、今回の事件に対する大きな憂慮を示した。

拉致に関するニュースが伝わる度にポータルサイトと言論社（主に新聞社）のサイトには一遍に数百件のネティズンの文章が殺到し、（このことは）今回の事件に対する国民の深刻な憂

慮と関心を表わしている。

ネティズンのキム・ドゥファ氏は「TVで（金氏のご両親が）絶叫するように叫ぶ場面を見ていると気が重くて、戦争を起こしたアメリカも恨めしくなる」、「政府は一刻も早く対策を立てて一人の大事な命を救わなければならない」と伝えた。

特にネティズンたちは金氏の拉致をきっかけに、派兵を全面的に再検討しなければならないという立場と、派兵を予定通りに進めなければならないという立場とに分かれて論争したりもした。（『中央日報』六月二十一日）

イラク武装勢力の金鮮一氏拉致事件の影響で、ネティズンの間ではイラク追加派兵に対する否定的世論が大幅に増えたことが調査の結果わかった。

二十一日、ポータルサイト・ネイバー（naver.com：韓国で近年、検索エンジンとして最も多く使われるサイト）が実施した追加派兵賛否に関する緊急インターネット投票では、応答者一六一二人のうち、追加派兵反対が六三・二％で賛成三三・二％の二倍近くだった。

去年十月のネイバーの同じ調査では、賛成が四八・六％で反対四七・四％をわずかに上回っていたが、今度は反対世論が一五％近く増え、賛成は減った。

ヤフー・コリア（kr.yahoo.com）でも、四月十四日・二十四日に実施した投票では、「派兵の約束を守らなければならない」が四七％、「派兵時期の調整が必要だ」が二五％、「派兵を撤回しなければならない」が二六％で賛成意見が優勢だったが、この日の投票では反対六三％、賛成三二％で、逆転した。

またダウム（daum.net：韓国独自のポータルサイトのなかで最も歴史が長くて年齢層も幅広いサイト）の派兵賛否投票でも、中間決算の結果、派兵撤回（七六・一％）が派兵方針固守（一九％）を圧倒している。

ヤフー・コリア関係者は、「当初はアメリカとの関係などを考慮して派兵に賛成していた応答者のなかの相当数が、金鮮一氏拉致事件をきっかけに直接に人命被害の可能性を実感するようになり、反対に立場を変えたと思われる」と話した。（『連合ニュース』六月二十一日）

### (3) 言論

このように、事件の前後で世論は大きく転回したが、新聞などの論説はどうであっただろう。主なものをたどってみよう。

『ハンギョレ新聞』は社説で、「われわれが派兵を粘り強く反対してきたのは、大義名分のない戦争、不道徳な戦場にわが若者たちを送れないという点以外に、イラク国民に恨まれて今回のような事態が起こることを心配したからだ。イラクへ行っているわが国民の安全だけではなく、世界各地のわが国民と施設が自爆テロの標的になるかもしれない。金さんを拉致した武装勢力の威嚇への屈服ではなく、われわれ自らの理性と判断によってイラク派兵を撤回しなければならない。国民の意志に反して拙速に派兵決定をして、国際的約束などと言いながら強行しようとするのは、柴を背負って火の中へ入るのと同じだ。われわれは政府がイラク追加派兵方針をただちに撤回することを強力に促す」とした（六月二十一日）。

一方、『朝鮮日報』はコラムで、「民間人に対する拉致テロ行為を糾弾する」、「政府はわれわれの善意と派兵目的をイラク国民に充分に伝えなければならない。それが韓国人に対するテロを根源的に予防することになる」、「同時に政府は中東地域および国内のテロ対策を準備しなければならない」、「しかし、いかに緻密な対策を準備したとしてもテロを完全に防ぐのは難しいかもしれない」、「重要なのはテロが起こった後、政府と国民がいかに思慮深い姿勢を持つのかという点である。テロに屈服することはまたテロを招くことでもある」と書き、「派兵の原則と精神が揺れることがあってはいけない」と主張した（六月二十一日）。

## 殺害以降

### (1) 家族

家族や国民の願いもむなしく、金氏は殺されてしまったが、その後の家族の反応はどうであっただろう。

家族は慰労の目的で訪問した政治家および政府の役人に対し、「矛盾している」と言いながら冷淡な反応を見せ、政府に対して怒りを顕わにしながら叫んだりもした。また、記者に「あの子が「助けてくれ」と懇請したのに、政府は何をしてくれたのか。すぐ派兵するとか、最善を尽くしているとか、無事だとか言うだけで……。結局、鮮一は死んだんだ」と言い、政府に対して怨望を表わした（『朝鮮日報』六月二十三日）。

また、隣の住民らは、「貧しいから政府が無視したのじゃないか」、「国会議員の息子だったら大統領がこんなふうにはしなかったはずだ」と不満を示しもした（『プレシアン』〔代表的なネット上のオルタナティヴな新聞〕六月二十五日）。

## (2) 世論

さらに、金氏殺害の事実は、派兵賛否論争をも再燃させてしまった。

金鮮一氏殺害をきっかけにイラク派兵賛否論争が再び燃え上がっている。これまで派兵反対運動をしてきた個人や市民団体を中心として派兵反対の声が再び高くなっている一方、テロと派兵は別の問題であり、派兵を撤回することはテロに対する屈服だという世論も支持勢力を広げている。派兵賛否論争が尖鋭化し、今回の事件がややもすれば再び極めて甚だしい国論分裂の火種になる恐れがあるという憂慮の声も出ている。

殺害の悲報に国民は、悲痛と憤怒で（派兵推進派と反対派の）両極端に分かれ、派兵賛否の論争はより激しくなった。（『朝鮮日報』六月二十三日）

ネット上には黒いリボン（⧓）を付けた追慕の文が殺到した（『連合ニュース』六月二十二日）。

また、六月二十一日から始まった蝋燭集会は全国的に続いて、六月二十六日にはソウルだけでも一万五〇〇〇人が参加した大規模集会が開かれた。市民らは「ブッシュのイラク戦争中断」と「ノ・ムヒョン大統領の謝罪と派兵撤回」を求めた（『Oh my News』〔『プレシアン』とともに、代表的なネット上のオルタナティヴな新聞〕六月二十六日）。

『Oh my News』は、さらに次のように伝えている。

　ＭＢＣ・２５８０チーム（韓国第二の放送局「韓国文化放送」が放映する時事番組「時事マガジン２５８０」の取材チーム）がコリア・リサーチセンター（ＫＲＣ）に依頼して二十五日（金）全国の成人男女一〇八九人を対象に電話世論調査をした結果では、五六・四％がイラク追加派兵に反対、四〇・七％が賛成すると答えた。

　特に応答者全体の一四・五％は金鮮一氏殺害事件をきっかけに派兵賛成から反対へ立場を変えたことが明らかになり、その逆の場合（反対→賛成：五・八％）より高い割合を見せた。賛成から反対への立場変化は、女性、光州／全羅地域、学生などの階層において相対的に高かった。

　イラク派兵反対派の理由としては、イラク戦争が「米軍主導の不必要な戦争」（四〇・四％）

という認識の上で「これ以上の犠牲が生じてはいけない」（三七・九％）という立場をとっていることが明らかになった。

一方、賛成派の理由としては「経済的および安全保障上、国益に有利なので」（四一・八％）と「韓米同盟関係と国家間約束が重要なので」（三八・〇％）という意見が多かった。

金鮮一氏殺害事件の責任に関しては、三九・五％の国民が「韓国政府に責任がある」と答え、以下、「米政府」（二六・一％）、「テロ集団」（一六・一％）の順となっていて、今回の事件が韓国政府の不適切な対応によるものだったという意見が最も多かった。

国民はまた金氏拉致の事前認知疑惑について、米政府に対しては八二・九％が、韓国政府に対しては六一・四％が「知っていたと思う」と答えた。

金氏拉致以後の政府の対応に関しては、「とても性急で挑発的で不適切だった」という意見が七三・九％で高く、「テロに屈服しない立場を守り適切な対応だった」という意見は二〇・〇％だった。

今後のイラク状況に関しては、「韓国軍および民間人に被害が出るはず」という意見が七九・四％で、「被害はないだろうと思う」（一五・三％）という意見より圧倒的に高かった。

イラクに派兵されて再建活動中である「ソヒ・ジェマ部隊（韓国軍の部隊名）の撤退問題」に関しては「さっそく撤退しなければならない」（四九・四％）と「再建活動を続けなければならない」（四四・二％）とが同じぐらいの割合を見せた。（『Oh my News』六月二十七日）

日本の場合とは異なって、殺害以前も殺害以降も金鮮一氏や家族への批判の声はなかった。家族の様子を報じた『朝鮮日報』の六月二十三日付記事の後の六月二十四日の読者投稿欄には、当事件と関連して四件の投稿があったが、各々「テロは反人倫的で許せない」、「政府の措置に憤怒」、「戦闘兵を派遣してテロリストを掃討すべき」、「「派兵不変」が惨事を招いた」という内容だった（『朝鮮日報』六月二十四日）。

その後の同紙読者投稿も、「無能な祖国が恥ずかしい」（六月二十六日）、「安易な外交部を換骨奪胎すべき」（六月二十八日）、「（韓国国内の）中東専門家の育成が急務」（六月二十八日）などがほとんどで、政府を批判する世論が圧倒的だった。

### (3) 言論

では、言論界は金氏殺害後どう変わったであろうか。興味深い情報が含まれている『Oh my News』の記事を、かなり長いが引用しておこう。

「国民の生命より派兵原則が優先なのか」

韓国に生まれて生きていくすべての人びとに二〇〇四年六月二十三日は悲痛で悲しい日として記憶されるだろう。

無辜《むこ》の民間人が戦争に巻き込まれて拉致殺害されたという事実だけでも限りない衝撃であるが、金鮮一氏が死に至るまでのすべての過程においてわが国民は、（祖国が）弱小国である悲しみとともに、自国の国民の命さえ守られない政府の、安易で方針の定まっていない対処に悲しさと怒りを感じている。

金鮮一氏の拉致以後のいろいろな状況を見ていると、この政府が少なくともイラク派兵問題についてだけは、国民の命よりアメリカとの派兵約束を守ることを最優先にしてきたのではないかと疑わざるをえない。

「第二次派兵の発表に先立ってまず安全措置をとるべきだった」

まず政府は少なくとも六月十八日の第二次派兵計画を発表する前に、追加派兵によって招来される恐れのある諸般の極端な事態に対する対応策を先に確立し、現地僑民（現地の韓国人）と第一次派兵されたソヒ・ジェマ部隊の安全を図るべきだった。

しかし金鮮一氏が拉致されてからの長い間、政府当局はその事実さえ知らなかった。金鮮一氏の拉致が最初に言われたとおり六月十七日ではなく五月三十日に発生したことを外交部は後になってからやっと認めた。

韓国が、第二次派兵によって現地反米抵抗勢力の集中的な標的になる可能性もあることを充分に予測していた政府であるならば、まず僑民らの所在と安全を確認し、諸般の措置を取っておくのが常識だったはずである。

しかしアル・ジャジーラ放送が金鮮一氏の拉致事実を報道するまで、政府は全くその事実を認知できなかった。現在でも政府は、イラク現地にいるわが僑民の数を正確に把握してさえいない。

サウジアラビアでアメリカの民間人（ニコラス・バーグ氏）が武装勢力に斬首されたのを見ると、事態は全アラブ圏へと広がることも予想される状況である。政府が十八日の派兵方針発表に先立ってアラブ圏の僑民らの安全をはたしてどのぐらい考慮し、事前措置を取ったのか、疑問である。

米軍を通じて金氏の拉致事実に接したカナ貿易のキム社長は、独自に釈放交渉をしている間、イラク駐在大使館と接触しなかった。これは政府が現地僑民らに、派兵によって発生する恐れのあることを予め告知し、そういうことが起こった場合に大使館に助けを求めて組織的に対応しなければならないという最小限の教育さえしていなかったことを証明している。

自国民に対する内的措置がなされなかっただけではなく、政府はイラク駐屯米軍との協力体制も準備していなかった。金氏の拉致事実を先に認知してカナ貿易の代表に知らせたのは米軍だった。

この重大な外交的問題に対して、米軍は三日間も、イラク駐在韓国大使館や軍当局に、公式的な通報はもちろん簡単な情報資料さえ提供しなかったのである。大韓民国政府が数千名の軍隊を派兵してアメリカを手伝っているにもかかわらず、米軍政府は韓国を彼らのパートナーとして全く認めていないのである。

金氏の拉致に遅れて関与した現地大使館は、慌ててイラク駐在多国籍軍司令部に派遣されている米軍高位関係者たちと接触して、情報提供と救出協力を要請したそうだ。

ザイトゥン部隊派兵を控えて政府は、当然韓国国民の安全のために現地駐屯米軍との共助策と緊密な情報交流チャンネルをつくるべきだった。しかし、「アメリカのための派兵」はあっても、安全問題に関するアメリカとの「協力体制」はなかった。

どうしてあんなにも急いだのであろうか。アメリカに対して第二次派兵の意志を示すことにだけは急いだわけであるが、安全措置、協力体制や情報チャンネルの構築などは理解できないほどお粗末な水準だった。

「拉致対策本部の初メッセージは「派兵方針に変わりはない」」

金鮮一氏を人質にしたイラク武装勢力の脅迫が報道された後、人質救出対策が五里霧中であることとは別に、政府および軍当局の立場だけは始終強硬な原則一辺倒だった。

二十一日の午前、合同参謀本部は「韓国人金鮮一氏の拉致事件と関係なく一応予定された派兵計画をそのまま推進する」という立場を明らかにした。

また二十一日の午前六時三十分に拉致緊急対策本部を組んだ政府は、外交通商部次官を通じて二十一日の午前十時三十分、「イラク派兵がイラク再建と支援のためだというわれわれの立場に変化はない」ということを明らかにし、韓国軍の追加派兵の立場を再確認した。

拉致犯たちの決めた時限が韓国時刻で二十二日の夜明け頃だったことを想起してみると、(追加派兵が決定されたのは)金鮮一氏を救出するわずかな機会が残っている、本当に大事な時だった。

武装勢力が要求してきた「派兵撤回」を公式に拒否することが政府の対策本部が何より先にしたことだったのだ。金鮮一氏の拉致事件を解決するための対策本部だったのか、拉致にもかかわらず派兵には問題をなくすための対策本部だったのか、疑問を持たざるをえない。

金鮮一氏の拉致事実が報道されてから、アメリカは公式の窓口を通じてではないが各種のマスコミを通じて、「拉致事件によって韓国の追加派兵に問題が起こる恐れがある」という見解を流した。

政府の一貫した対応は、アメリカ人たちのこういう「恐れ」を払拭するには効果的だったのかもしれないが、政治的な目的で拉致を強行した武装勢力に対しては、間違いなく極度の反感を持たせせて交渉の機会をなくすことになった。

二十二日の午前にはもっと驚くべきことが起こる。政府と国会国防統一外交安保分科の懇話会で国家安全保障会議(NSC)は、金鮮一氏が斬首された場合の補償対策と死体運送対策は用意されている、と平然と述べた。

大韓民国の若者の命を救うことに総力を注がなければならない時に、NSCは一方では金鮮一氏の死を既定事実化し、この事態を収めることだけを議論していたのだ。

「派兵に問題が生じるかと戦戦恐恐としていた段階から「派兵推進論」に至るまで」金鮮一氏の死に直面した両親は「政府がわが子を殺した」と絶叫した。アメリカ主導の世界覇権戦略が韓国南部の釜山凡一洞の一隅、喜寿を控えた自分たちの胸に永遠に消せない傷を残すとは、老父母は想像もしていなかったはずだ。

故人の両親が政府を糾弾したのは、アメリカの中東覇権政策、アメリカと韓国の政治的・軍事的関係のような複雑な状況を理解できていないためであろうか。

拉致事件の勃発以後、政府は公式的に一度も「すべてのことに先立って金鮮一氏の救出を最優先にする。金鮮一氏を救出した後すべての問題を解決する」という原則や立場を明らかにしたことがない。むしろ拉致犯たちを刺激する言葉だけを繰り返し強調しただけだ。

政府は、人質を救出するための手段としてせめて派兵に関する言及を減らしたり悩んだりするジェスチャーくらい見せてもよかったのに、それさえ見せたことがない。それどころか、拉致犯たちはとりたてて第二次派兵の即時中断やソヒ・ジェマ部隊の即時撤退を要求してはいない、と述べて平然とした態度だった。韓国政府が派兵のニュアンスを弱め、穏健な態度さえ見せたら、交渉に進展があったはずだ、とアル・ジャジーラ放送は伝えている。

金鮮一氏の生存を念願していた大多数の国民たちも不安なのは同じだった。派兵賛成論者であれ反対論者であれ、先に人質の生存と救出を解決してから、派兵問題にはゆっくり対応しても遅くないと思っていたはずだ。金鮮一氏の両親の絶叫は、息子の生死を国家の処分に任せることしかできなかった両親の直情であった。

韓国政府は故人の死を心から悲しむ時間さえほとんどもたなかった。金鮮一氏の死亡の消息が知らされた直後に開催された国家安全保障会議（NSC）常任委員会は、故人の死亡にもかかわらずイラク派兵を予定通り推進すると発表した。故人の死亡以前に「死亡後の計画」を平然と述べていたNSCであるから、それは予測可能な対応だったといえる。

その頃アメリカのコリン・パウエル国務長官は声明を通じて「韓国政府が何日間もこのような種類のテロに直面しながら、確固不抜の立場を堅持したことに対して感謝する」と発表した。またブッシュ大統領は「韓国のノ・ムヒョン大統領は金鮮一氏の虐殺に脅され（intimidated）ないでほしい」と述べた。

アメリカ政府であれ韓国政府であれ、一人の青年の死に対する哀惜の念は儀礼的なものであったのに対し、「韓国政府とノ・ムヒョン大統領は今後も変わらず派兵を推進する」というメッセージは確固不抜で強いものだった。

さらに国防省は、金鮮一氏の斬首事件とは関係なくザイトゥン部隊の任務遂行方針に変わりないことを確認する一方、今回の事件によって派兵反対の世論がだんだん減り、派兵計画がむしろ「はずみ」を受けるようになる見込みだという観測までしている、と『連合通信』は伝えている。

「国益で最優先すべきは国民の命である」

ノ・ムヒョン大統領はイラク派兵に対して「国益のための決定」と言っている。アメリカがイラン、イラクとともに北朝鮮を「悪の枢軸」と規定し韓国の戦争危機を高めている状況で、大統領の苦悩を理解できない国民はいないだろう。

しかし今回の事態を前にして、国民として再びノ・ムヒョン大統領に聞きたい。国民の命より優先させる国益とは一体何であるのか。

金鮮一氏の殺害事件の全過程において一貫して見せた政府の「派兵優先」の原則は、多くの国民に悲しさと虚脱感、そして怒りを感じさせた。事態の根源にアメリカがあるとしても、全く理解できない所信と原則を優先させたわが政府の対応によって、虚脱感と怒りはより増幅され、悲しさとして残る。政府の対応が情けなくて安易だったという点よりは、国民の命より「派兵固守」が原則だったという点に根本的な問題があるからだ。

今は「派兵反対」の声に戦戦恐恐としている政府に向けて派兵の不当性を叫んでも聞き入れそうもない。しかし金鮮一氏が韓国人であることに違いないのであれば、そしてこの政府が大韓民国政府であることに違いないのであれば、次の一言だけは最後にノ・ムヒョン大統領と政府、軍当局に伝えておきたい。

「心から充分に悲しんで哀悼する時間を持ちましょう。「できることはした。外交対応とシステムに問題はなかった」。こんな言い訳は後でしましょう。悲痛な故人の家族の心情になって事態をはじめからもう一度観察してみましょう。それから派兵問題をもう一度考えてみましょう」。（『Oh my News』六月二十三日）

一方、『朝鮮日報』はコラムで、「衝撃的で悲劇的な事件ではあるが、そうだとしても派兵決定と原則までゆずってはいけない」という立場を堅持しながら、「韓国もテロリストの本格的な攻撃目標になったと考え、対策を準備しなければならない」と述べた（『朝鮮日報』六月二十三日）。

また、同紙は六月三十日には、『Oh my News』とはかなり異なった立場から、次のような見解を述べている。

故金鮮一氏拉致殺害事件以後、韓国社会が見せた対応の仕方はかなり複雑多様である。まず「あまりにも感情的」という印象がぬぐえない。罪もないのに異郷で残酷に殺害されたことは嘆かわしいことだが、それにしても、金氏を「愛国者」や「烈士」などと呼び、「国立墓地に埋葬すべきだ」とか、「政府が補償すべきだ」などの主張が出たりするなど、（このような形で）社会が動揺するのは度が過ぎると思われる。……外国の場合を見てみよう。既に二人が斬首で犠牲となったアメリカでは、哀悼はするが落ち着いて対応している。世論も誰を処罰すべきだ、誰が責任を負うべきだと言うなどして感情を発散させるよりは、残酷なテロに対して糾弾するのが基本的な流れである。三人が拉致され、無事に救出された日本の場合、世論はむしろ批判的だった。「なぜ行くなと言った所へ行ったのか。結果的に国に迷惑をかけ、そのうえ自衛隊撤収の主張までするとは何ごとだ」というのである。

金氏事件を見ながら最も憂慮したことは、「この事件で社会の内部分裂が激化するのではないか」という点だった。歴史を振り返れば、残念にも外患に会った時、団結して克服するよりわれわれ同士で「私のせい」「お前のせい」と互いを責めながら争った例が少なくなかった。……今回もそのような徴候は見られた。性急にも、金氏事件のすべての責任を国（政府）に負わせようとしたり、特定部署（外交部）の長に責任を負わせようとしたりする雰囲気のことを言っているのである。決して政府や公務員をかばおうとするのではない。今回の事件はあくまでも極悪非道なテロリストの蛮行によって招来されたものだからだ。

金氏拉致事実に関するAP通信の問い合わせを黙殺した外交部職員や、既に金氏が斬首されていた二十二日の夜に大統領と政府関係者が放送カメラの前で希望的な観測を述べる喜劇じみた状況を目撃した国民たちが感じる感情は十分理解できるが、それにしてもすべてを「政府のせい」にするような対応は思慮深い姿勢ではないと思われる。

さらに金氏追悼集会が次々に行なわれ、結局は派兵反対と反米につながる状況が展開していくのを見ていると、金氏の不幸を利用しようとする高度な政治的動機も内在しているのではないかという疑問が消せない。(『Oh my News』六月三十一日)

その後七月八日付の『週刊朝鮮』(朝鮮日報社が発行する週刊誌)は金鮮一氏事件を特集で取り扱い、「第二の金鮮一事件の恐れ」、「落ちた信頼――恥辱の外交部」、「国政院「情報を歪曲したのは誰なのか」」、「NSCの独走が外交安保恐慌を招いた」、「韓・米共助を破棄した者に事態の責任」、「「血の報復」コーランが許容」、「「韓・米同盟は反テロ同盟」アメリカの人びと、対韓感情に変化」、「疑問の人物キム・チョンホ、彼をめぐった疑惑」、「カナ貿易は中東地域の宣教の中心」といったタイトルの記事を載せた(『週刊朝鮮』七月八日)。

記事のタイトルから見られるように、保守言論は主に政府と外交部の批判、情報入手における疑惑などに焦点を当てた。

また、『月刊朝鮮』(朝鮮日報社が発行する月刊誌)では、九月号で「殴られて死ぬ覚悟で書いたイラク派遣外交部職員の韓国国民・言論批判」というタイトルで、「野蛮の前でわれらは団結より分裂を選んだ。「外交の危機」でなく国民の危機だ」としながら、外交部を擁護する外交通商部職員の文章を載せている。その最後に金鮮一氏事件に対する言論および世論について、ユニークな分析をしている。

今回の事件はその事実に照らしてみた時、社会的な影響（言論社など各種メディアの報道）があまりにも偏って拡大・再生産された側面がある。

その背景としては、「派兵に反対する勢力（進歩）」と「現政権にけちを付けることで盛り上がる勢力（保守）」とが、（それぞれ）金鮮一氏の死をめぐって（現政権への）政治的な攻撃を試みる過程で、結果的に同じ地点に辿り着いたのではないか、ということが考えられる。

すなわち、『朝鮮日報』『中央日報』『東亜日報』と『ハンギョレ新聞』『Oh my News』が同じ論調のコラムを載せる「偶然の一致」は、このような「政治的な攻撃」の産物だったのではないか。しかし結果的には、両勢力が同一の声を出すなかで、政府の外交安全保障政策が総体的な国民の不信の対象になり、外交部が満身創痍になったのではないか、胸に手を置いて考えてみるべきだ。（『月刊朝鮮』九月号）

以上、イラクでの韓国人拘束事件をめぐる韓国国内の言論および世論の動向を報告した。外国人の一人として、日本人拘束事件に対する日本での自己責任論の盛り上がりにびっくりした経験に照らしてみれば、逆に日本からは、韓国での全く異なる反応に驚かれるかもしれない。そういう考え方の違いの背景に何が存在するかは、また別に考えてみるべき問題であるが、同じような事件に対する他の国の反応を紹介することによって、日本の方々が自己責任論について考える際の一つの手がかりを提供することができれば嬉しい。

# 「自己責任」とメディアの責任

山口正紀

私は一九七三年に読売新聞社に入り、三十年間、取材・報道に携わった。そのなかで、権力を監視する立場にあるメディアが、事件報道で警察情報をうのみにして被疑者を犯人視したり、被害者の人権を侵害したりしていることを痛感し、報道による人権侵害をなくそうと一九八五年に発足した「人権と報道・連絡会」の世話人として活動してきた。

報道被害者の支援、報道改革に取り組む活動を通じ、私は社外のメディアで報道検証・批判の記事・論文を書くようになった。一九九七年からは『週刊金曜日』に「人権とメディア」というコラムを隔週連載している。その連載で二〇〇二年秋、「日朝首脳会談」をめぐる一連の報道を「『拉致一色』報道が隠す日本側の侵略責任」などと批判した。

それに対して読売新聞社に社外から「読売記者が社論に反した記事を書いているのはおかしい」などと圧力がかかり、私は翌年二月、営業渉外職に配転された。記者職を剥奪されて社内にとどまる理由はなくなり、同年末で読売新聞社を退社した。以後フリージャーナリストとして「人権と報道」のテーマを中心に活動している。

今回の「イラク人質事件」では、マスメディア、とりわけ『読売新聞』が展開した「自己責任論」に、長年そこで記者として働いてきた者として、恥ずかしさと責任を感じた。

いったい、この「自己責任論」なるものは、だれが、何のために言い出したのか。

事件から二カ月後の（二〇〇四年）六月、「人権と報道・連絡会」定例会に今井紀明さんをお招きし、イラクでの体験、「自己責任論」などについて話していただいた。彼は、人質になった三人と家族を襲った「自己責任論」バッシングに対する思いを率直に語ってくれた。

自分の身を自分で守る。そんなことは当たり前のことで、自分はちゃんと考えてきた。今思うと反省すべき点、自分では気をつけたつもりでも、焦りはあったかもしれない。しかし、それを他者から「自己責任だ」と非難されることには違和感を覚えた。他者から言われたくない。まして、日本政府からは言われたくない。

ジャーナリストが危険なところへ行くとき、あるいはNGOの人たちが危険を冒してでも活動しようとするとき、予想される危険から自分の身を守ろうとするのは当然のことだ。それでも危険に遭遇することはある。それは、ある意味で覚悟のうえだ。しかし、今回の事件のように、「危険の原因」をつくった政府やそれに加担したメディアの人たちが「自己責任」を持ち出して、非難することには耐えられない――。

そんな今井さんの気持が、私にはよくわかった。

私はこう思う。今回出された「自己責任論」は、本来その出来事に責任のある人たち、その結果に責任を果たすべき立場にある人たちが、自分の責任をあいまいにし、その責任をだれかに転嫁するために編み出した理屈ではないのか。学問的な意味での「自己責任論」は別として、今回持ち出された「自己責任論」の実体は、あからさまには言いづらい「自業自得論」の言い換えであり、その本質は「責任転嫁論」であった、と。

そして、この責任転嫁の「自業自得論」を最初に持ち出したのが、『読売新聞』だった。

**「自己責任論」に火をつけた『読売新聞』**

『読売新聞』は、カタールの衛星テレビ『アル・ジャジーラ』が邦人三人の拘束を伝えた（二〇〇四年）四月八日夜の翌日、九日付の朝刊社説で、早くも「自己責任論」を展開し始めた。

「卑劣な脅しに屈してはならない」と題した九日付『読売』社説は、「外務省は渡航情報の中で危険度の最も高い「退避勧告」を出していた。三人の行動はテロリストの本質を甘く見た軽率なものでなかったか」と書いた。

社説は「テロリスト」という言葉を使った。政府も同じ言葉を使った。この段階ではまだ、三人を拘束したのがどんなグループか、ほとんど情報はなかった。にもかかわらず、テロリストと決めつけた。そのうえで、三人の行動を軽率だと非難した。

翌十日付社説「首相の「撤退拒否」を支持する」は、「三人にも問題がある。イラクでは、一般市民を巻き込んだテロが頻繁に発生している。それを承知でイラク入りしたのは、無謀な行動だ。三人にもこうした事態を招いた責任がある」と述べた。これが、以後さまざまな表現でメディアをにぎわす「自己責任論」＝「自業自得論」の原型となる。ここでも「テロ」という言葉が無条件に使われた。

米英軍に対する武装抵抗が一般市民を巻き込むことがあったとしても、そもそもそうした事態を引き起こしたのは、米英軍のイラク侵攻だ。また、イラクの人々から見れば、まさに米英軍の攻撃こそ「一般市民を巻き込んだテロ」だ。二〇〇三年三月の開戦以来、爆撃などによる一般市民の死者はこの時点で一万人を超える。「人質」事件当時は、米軍がファルージャを包囲し、子どもたちが避難するモスクにも無差別爆撃を繰り返していた。

今井さんらは、そうした「イラク戦争」の実態、イラクの人々の被害を伝えようと、あるいは被害者を助けようとして、あえて「危険なイラク」に入ったのだ。

十三日付『読売』社説は、「被害者攻撃」をさらにエスカレートさせた。

三人は事件に巻き込まれたのではなく、自ら危険な地域に飛び込み、今回の事件を招いたのである。自己責任の自覚を欠いた、無謀かつ無責任な行動が、政府や関係機関などに大きな無用の負担をかけている。深刻に反省すべき問題である。

小泉政権の「問答無用」といわんばかりの「自衛隊撤退拒否」で、今まさに生命の危機にさらされている事件の被害者に対し、『読売』は「反省」を迫った。そればかりか、自衛隊派遣で日本人を危険にさらした小泉政権の責任にはまったく目を向けず、「邦人保護」という政府の当然の責務を「大きな無用の負担」と述べた。この本末転倒の主張によって、「自己責任論」は、三人が解放された後の「自己負担論」につながっていった。

この社説は、三人の家族にも非難・攻撃の矛先を向けた。

人質の家族の言動にもいささか疑問がある。記者会見で公然と自衛隊の撤退を求めていることだ。（中略）武装グループの脅しに屈し、政府の重要政策の変更まで求めることが、適切といえるだろうか。

「自衛隊の一時撤退という選択肢はないのでしょうか」、「これでは助かる見込みがない」、「見捨てないでほしい」――人質の家族がそう訴えるのは、きわめて自然であり、当然のことだ。『読売』は、いつから「政府の重要政策」の代弁者になったのか。

日本政府は、自衛隊撤退を求める声明文に接してわずか数時間後、「撤退の理由はない」（福田官房長官〔当時〕）と要求を拒絶した。交渉の可能性、糸口を探った形跡すらない。「撤退の理由」はいくらでもあった。小泉政権が「非戦闘地域」と強弁して自衛隊を派遣したサマーワの宿営地近くに砲弾が撃ち込まれたのは、人質事件前日の四月七日だった。

「一時撤退」はこの時点で、必要でもあり、可能でもあったのだ。

## 「自己責任論」で家族の口を封じた政府

こうした社説の主張の流れを振り返ってみると、当時の政府や外務省、自民党幹部の言葉が、『読売』社説の主張と連動していたことがわかる。

九日、小池百合子環境相は「一般的に危ないといわれているところにあえて行くのは、自分自身の責任の部分が大きい」と語った。

十一日、安倍晋三自民党幹事長（当時）は「民間人がイラクに入ることで、多くの人たちに大変な迷惑をかける」ことになると発言。

十二日、竹内行夫外務事務次官は「自己責任の原則を自覚して、自らの安全を自ら守ることを改めて考えてもらいたい」と述べた。外務省は本来、邦人保護が海外での大きな仕事だ。竹内次官は、『読売』の主張や安倍氏の発言に便乗して、外務省の本来の役割を放棄し、責任を事件の被害者に転嫁しようとした。

そして十三日、事件発生以来、人質家族の面会要請を拒絶し続けた小泉首相が、家族の気持を逆なでするように言った。

「退避勧告に従わずに入ってしまう人がいるようだが、そういうことはしてほしくない」――つまり、「自衛隊は退避勧告の対象ではないのでイラクへ行ってもよいが、一般の人は行ってはいけない。ジャーナリストにも行ってほしくない」と。

こうした政府関係者の発言は、新聞・テレビに大きく報道され、それを支持する「識者」やコメンテーターによって増幅されていった。

十四日付『産経新聞』は、竹内次官の発言を支持する社説を掲載し、「自己責任論」を展開した。『産経』社説は「日本人三人の人質事件に関し、竹内行夫外務事務次官が十二日の記者会見で自己責任原則の徹底を求めたのは当を得たものといえる」と書いた。

こうした論調に押されたのか、やがて『毎日新聞』も「自己責任論」者の仲間に入る。『毎日』は九日付社説では、「このような方法で自衛隊の撤退などの行為を迫るのは断じて認めることが出来ない」、「日本政府はイラク戦争後の国民の窮状を救うために、人道復興支援を目的として自衛隊を派遣した」などと政府対応を支持したものの、「自己責任論」は言わなかった。それが十六日付社説で『読売』『産経』路線に合流してしまう。

今回の三人の行動は軽率のそしりを免れない。三人がイラクに対する外務省の「退避勧告」

を知らなかったとは思えない。渡航の自由は規制すべきではないが、その場合は自己責任で身の安全を守らなければならない。

こうして、「自己責任論」がメディアを通じて広がった。三人の自宅には「自業自得だ」「死ね」といった中傷・嫌がらせの電話、手紙が相次ぎ、家族はものを言えなくなっていった。十三日、高遠菜穂子さんの母親が「子どもたちの感情的な発言を許してほしい」とテレビカメラに頭を下げた。私はその映像を見て、いたたまれない気持になった。

## 「自己責任論」から「自己負担論」へ

拘束されていた三人が十五日に解放され、帰国した十八日以降は、「自己責任論」から「自己負担論」へバッシングの中心が移っていった。

十五日以降、『読売』はバッシングに拍車をかけた。解放を伝えた十六日付二面では「問われる「自己責任」／無視された退避勧告／外務省　個人の行動把握困難／「危険」自ら招く」の大見出しで、政府・外務省・与党幹部らの「「自己責任」を求めるべきだとの意見」を大きく取り上げた。社会面には、「軽い行動　重い責任」の見出しの社会部長署名入り記事。社説でも、「政府の「退避勧告」という制止を振り切って、危険を覚悟で出かける以上、万が一の時には政府が助けてくれる、と安易に考えるべきではない。政府が「自己責任」の自覚を求めているのは当然のことである」と追い討ちをかけた。

こうした「報道」に後押しされたのだろう、公明党の冬柴幹事長（当時）は十六日、「政府は事件の対応にかかった費用を国民に明らかにすべきだ」と「自己負担論」を打ち出した。

三人に続いて十四日に拘束されたフリージャーナリスト二人にも、『読売』は非難を浴びせた。二人の解放を伝えた十八日付社会面では「警告無視し取材強行／ベテラン写真家「退く勇気も大切」」として、「軽率」「無謀」などの非難の言葉を投げつけた。

さらに帰国した三人の様子を伝えた十九日付社会面では、「副大臣ら派遣／自治体も要員／費用は？「一部自己負担に」の声」の見出しで、本人の帰国費用ばかりか政府・自治体関係者の「活動費」まで細かく計算、「自己負担論」を全面展開した。

「自己負担論」はワイドショーや週刊誌などを中心に広がった。「三人を救出するのに三億かかったから、一人一億ずつ払え」といった調子で、「十億だ」「いや二十億だ」などと根拠のない数字が際限なく膨らんでいった。

外務省は、ヨルダンのアンマンに何人か職員を派遣したが、実態は高級ホテルに泊まって「情報収集」していただけである。政府のなかからは、その費用も彼らに払わせるべきだとの声が出され、メディアの一部もそれに悪乗りして「自己負担」の額を競った。

今井さんは「人権と報道・連絡会」の例会で「自分は帰りのチケットを持っているのに、外務省にそれを使うなと言われた。政府の用意した飛行機で帰ってもらわなければ困る、と。これだけは納得がいかない」と話した。こうした事実はきちんと伝えられなかった。

## 警察庁・官邸周辺が流していた「自作自演論」

「自己責任論」の背後には、実は「自作自演論」の情報工作があったと推定される。事件発生が伝えられてから数時間後、警察庁、公安調査庁から「この三人はどういう存在であるかを洗え」という指示が出、かなり早い時点から「彼らは全員、政府の方針に敵対する連中だ」という情報が流されたとみられる。そのうえで、「彼ら三人は、イラクの武装勢力と結びつき、自作自演で今回の事件を起こしていた可能性がある」というデマを流した。

民主党内部では事件直後、「サマーワはもはや非戦闘地域ではないから、この際撤退すべきではないか」という議論が起きた。それに釘を刺す形で官邸周辺から永田町に「自作自演論」を流し、「サマーワ撤退論」を封じる情報工作をやったのだ。

この工作情報は、メディアにもリークされ、一部記事になっている。十四日付『産経』のコラム「産経抄」は、三人を拘束したグループの声明文について「多くの中東専門家が首をかしげている」として、「どこかで見聞きしたことがある発想と言葉づかいではないか。これまた警視庁の過激派専門のベテラン捜査員によると、このロジックは日本のマルクス主義者が多用しているものだそうだ。なるほどとひざを打った。してみると、これらの声明文には何らかの形で日本人がかかわっているのだろうか」と書いた。

警察庁周辺からは、「今井の母親は共産党だ」「今井は革マルと関係がある」といったデマも流された。それらはインターネットの『2ちゃんねる』系掲示板に流れ、さらには『週刊新潮』『週刊文春』などの「自作自演キャンペーン」に使われた。

警察は実際、今井さんたちから「自作自演」証言を引き出そうとした。今井さんは解放されて三時間後、バグダッドで警察庁外事課捜査員の事情聴取を受け、翌日にはドバイでも警視庁の公安刑事から聴取されている。彼は「聴取はとても高圧的で、質問の主たる内容は自作自演を疑った誘導的なものだった。そんなことが日本で言われていたとは思わなかったので、非常に大きなショックを受けた」と話した。

日本ではこの数年、「被害者の人権」が重視されるようになってきた。事件、犯罪被害者に対して、被害の精神的後遺症（PTSD）をどうケアし、回復に向けて援助するか。報道においても、プライバシーを守ってほしいとの声が被害者から高まっている。

それが、今回の事件ではまるごと否定された。警察は被害者をまるで犯罪者の一員であるかのように扱った。メディアはその情報を鵜呑みにし、増幅した。

今井さんたちは日本に帰ってから、カメラやフラッシュに、「矢が突き刺さってくるような、ものすごい圧迫感を覚えた」という。帰国後に目にした「自己責任」「自業自得」「自己負担」報道は、人質として生命の危険にさらされた被害者たちを、さらに傷つけ、追いつめた。その後も、執拗に追ってくるメディアに、今井さんは「イラクでは一週間拘束されたが、日本では二週間以上、メディアに拘束されたと感じていた」と話した。

自宅への脅迫電話や脅迫状は、帰国後も続いた。電話を取ると仏壇の「チーン」という音が聞こえたり、「爆弾を仕掛けるぞ」「ばれたね、自作自演」などと書いたメールが送りつけられたり、札幌の街で「税金泥棒」「クソガキ、死ね」という言葉を浴びせられたりした、という。それでも彼は「イラクの人たちはもっと苦しい思いをしている。令状なしに連行され、そのまま何カ月も拘束されている。それを思うと、何かしなければならないと思う」と勇気を振り絞って発言し続けた。

## 「自己責任論」の政治的狙い

「自己責任論」は、いったいどのような政治的狙い、思惑から流されたのか。

小泉政権は、「人質の命より、日米同盟を維持することのほうが大事だ」という判断のもとに行動した。国内の誘拐事件では、被害者の安全が確保されるまでは、犯人の要求に応じる気はなくても「応じるそぶり」はし、間違っても犯人を非難したり刺激したりせず、密かに交渉する。それが、この事件では即座に要求をはねつけた。

小泉政権は自衛隊撤退について「検討の余地なし」といい、三人を拘束したグループを「テロリストだ」と決めつけ、挑発した。派兵に批判的な『朝日新聞』さえ、「脅迫では撤退できぬ」(四月十日付社説)といった論調であり、それが日本の世論とされた。

しかし、問題は、自衛隊撤退が要求されるような状況がイラクにあるということなのだ。イラクの人々のなかに自衛隊を「敵」とみなす声があるとすれば、政府として撤退を検討するのは当然のことだ。まして、サマーワの自衛隊が外に出られないほど危険な状況だとすれば、なおさらだ。それを政府は「問答無用」とはねつけてしまった。

川口外相が、無神経で危険なメッセージを『アル・ジャジーラ』向けに出したことも大きな問題だ。家族が「やめて」と頼んだのも無視し、「自衛隊はイラク復興のために派遣されているのです」という一文を削除しなかった。自衛隊が問題の焦点であり、その撤退を求めるグループに対して、神経を逆なでする言葉を向けたのだ。

こうまでして小泉政権や右派メディアが「自己責任論」をばらまいたのはなぜか。彼らはいったい何を恐れたのだろうか。

それは第一に、自衛隊の「人道復興支援」の実態・本質が明らかになることだ。

日本の大手メディアは、サマーワから大量の記事を送っていたが、大半は「ひげの隊長が人気だ」「自衛隊の給水活動が現地の人々に感謝されている」といった提灯記事だった。イラクには水道が使えない地域もあるが、それは「アメリカが爆撃で壊したのではないか」といった報道はほとんどなかった。人質事件は、「自衛隊がイラクの人々に感謝されている」との報道とは反対に、イラクの人々から「出て行ってくれ」と言われている現実を示すものだった。「人道復興支援」が、イラクの人々からどう思われているのか。それがこの事件によって明るみに出るのを、小泉政権は恐れたのである。

第二に、人質にされた三人はなぜイラクに行ったのか、イラクで何をしようとしていたのか。それが広く伝えられることを、小泉政権は恐れ、警戒した。

高遠さんは、ストリートチルドレンを支えてきた。その子どもたちは、なぜ親を失ったのか。それは「フセインの悪政」以上に、湾岸戦争以来の米軍の空爆や「経済制裁」の結果ではなかったか。今井さんは、劣化ウラン弾による被害実態を調べようとしていた。米軍は、どれほど劣化ウラン弾をばら撒き、いかにイラクの人々を苦しめてきたか。小泉政権やイラク侵攻を支持したメディアは、それらが明らかになるのを抑えたかった。

第三に、日本のNGOがさまざまな活動を通してイラクの人々に信頼され、感謝されていたこと、その活動が米軍の侵攻と自衛隊派兵によって困難になったこと、拘束された三人が、戦争被害者の支援や被害実態の調査、報道のために、あえて危険なイラクに踏み込んだ「勇気ある日本人」であること、それらが明らかになるのを恐れた。

三人がイラクに行った目的そのものが、イラク戦争の汚い真実と、それに加担し、「復興支援」の名で「復興ビジネス」にありつこうとする自衛隊派兵の狙い、本質を炙り出してしまう。メディアが報道しないできたことに触れざるをえなくなる……。

そういう事態を避け、覆い隠すために、事件を「卑劣なテロ」と断定し、「自作自演論」から「自業自得論」「自己負担論」までさまざまな「自己責任論」をばらまいて世論を操作し、論点をすりかえていった。小泉政権の責任を「被害者の責任」にすりかえたのだ。

## 副産物としてのフリージャーナリスト追放

「自己責任論」には、副産物もあった。イラク戦争や自衛隊派兵の実態を伝えるジャーナリストを、できればイラクから追い出してしまいたい、という小泉政権の思惑が、大手メディアの「自己責任論とのつじつまあわせ」にも助けられて実現したことだ。

この「報道統制」の願望は、郡山総一郎さん、安田純平さんに対する「無謀な取材」「特ダネほしさの功名心」「金になるイラク取材」などといった週刊誌や一部テレビの陰湿なバッシングで始まり、イラク情勢の緊迫化もあって、現実のものとなった。

事件が起きた八日以降、新聞、テレビ各社は、次々と記者をイラクから撤退させ始めた。十四日には外務省が「報道関係者が誘拐事件の標的とならない保障はない」とサマーワにいる大手メディアの記者全員に「退避」を要請し、メディア各社はそれに応じた。

「退避勧告を無視して危険なイラクに入った」と三人を非難し、「自己責任」を唱えたタテマエ上、メディアは外務省の「退避要請」を断るわけにはいかなかったのだ。

小泉政権が「安全な非戦闘地域」と強弁して自衛隊を派遣したサマーワが「きわめて危険な非戦闘地域？」になった。サマーワで自衛隊の「人道復興支援」活動を取材していた大手メディアの記者は、十五日にはすべてイラクから撤退した。

『読売』の記者も撤退した。それを伝える記事は、十六日付二面「問われる「自己責任」／無視された退避勧告／「危険」自ら招く」の見出しで「自己責任」「自己負担」を強調した特集記事の下段に、小さく目立たない扱いで掲載されていた。

「本紙記者らサマーワ撤退／空自輸送機で」の一段見出し、『読売』記者ら四社一〇人が航空自衛隊輸送機でクウェートに退避した、という内容だ。記事には、「現地の治安が悪化し、外務省から航空自衛隊の輸送機での退避を求められたため、利用しました」という「読売新聞社広報部」の談話が添えられていた。

しかし、その「輸送」費用は、いくらだったのか、『読売』はそれを支払ったのか、記事は一言も触れていない。実際は、記者の退避費用は政府負担だった。『読売』は「自己負担」していない。人質被害者への「自己負担論」報道に比べ、ひどい二重基準《ダブルスタンダード》だ。

政府は、「自分のチケットで帰る」と言っている被害者を、強引に政府チャーター機に乗せて帰国させ、「自己負担」を迫る一方、大手メディア各社の記者たちを「政府負担」で国外に避難させた。そして、その実態をメディアはあいまいにしか伝えなかった。

サマーワ撤退後、『読売』のイラク報道は、エジプトの「カイロ発」で行なわれた。カイロで激動するイラク情勢がわかるのか。だが、自衛隊の提灯記事を流すだけの記者なら、サマーワにいなくてもいい。

問題は、大手メディアの記者をイラク国外へ退避させるだけでなく、それによって「取材の危険」をアピールし、フリージャーナリストの取材活動まで規制したことだ。

戦闘の続くイラクで危険を冒して取材・報道してきたのは、フリージャーナリストたちだ。大手メディアの報道は、多くがフリージャーナリストとイラク人助手の取材に依存している。彼らが命がけで取材した情報によって、大手メディアの報道もある程度は形になってきた。また、大手メディアが報じない劣化ウラン弾や米英軍による無差別爆撃の被害、虐殺に関する情報も、フリージャーナリストによって明らかにされてきた。

それらをすべて封じてしまいたい、というのが小泉首相のホンネだったのだろう。

フリージャーナリストの綿井健陽さんは、「人質」事件当時、バグダッドで取材していた。彼は「人権と報道・連絡会」の例会で今井さんの話を補足し、こう語った。

日本のマスメディアは事件の後、サマーワにはフリー以外、だれもいなくなった。記者たちは現地取材に及び腰になり、どう取材していいのかわからなくなっている。自己責任論も大きな問題だが、イラク現地の取材・報道の問題も考える必要がある。

綿井さん自身も、その後、イラク取材からの撤退を余儀なくされた。

## 責任転嫁の非人間的「自己責任論」

私は、事件直後の四月九日夜、高遠さんや今井さんのご家族がＴＢＳの『ニュース23』で三人の救出を懸命に訴え、「何とかして自衛隊を撤退してもらえないか」と口ごもりながら述べるのを聞いて、いてもたってもいられなくなった。翌十日、国会議事堂の前に行くと、千人近い人たちが国会記者会館前の歩道を埋めていた。

「三人を見殺しにするな」と首相官邸に向かって懸命に声を振り絞る人たちの姿に、胸を揺さぶられた。こんなにも多くの人たちが、三人の無事を祈り、救出を願っていつまでも立ち尽くしている。その頭上の街灯支柱に、星条旗と日の丸が重ねて掲げられていた。来日中のチェイニー米副大統領を「歓迎」するものだった。その光景は、まるで集まった人たちの思いをあざ笑い、日米同盟を誇示するかのように見えた。

「自己責任論」の問題点を整理しよう。

第一に、「自己責任論」とは、「人質になったのは自分の責任だ」という「自業自得論」をもっともらしく言い換えただけだ。事件の被害者や家族に対して、なんと冷たい言葉を向けるのだろう、この国の政治家や大手メディアの記者たちは。国会議事堂前に集まった人たちは、そういう考え方とは対極の気づかいをもった心温かい人たちだった。そんな人としての想像力、思いやりのカケラもない「自業自得論」。

第二に、「自己負担論」の無責任さ。海外邦人の安全を守るのは、政府・外務省の本来の責務であり、それを被害者に責任転嫁するのは、まさに無責任な本末転倒の主張だ。大手メディアの多くがそうした原則を伝えず、自分たちは「自己負担」もせず、こっそりイラクから退避した道義的退廃を見逃すことはできない（ただし、ここでは詳述できないが、「海外邦人の保護」論には注意が必要だ。日本はかつて、それを口実に中国を侵略した歴史の教訓があるからだ。また、保護対象を「邦人」に限定することにも問題がある。「日本国籍を有するもの」だけでなく、在日朝鮮人などを含む「日本在住者」の安全にも日本政府は対応すべきだと思う）。

第三に、邦人拘束事件が起きたこと自体、小泉政権の責任だという点。自衛隊が派遣されるまで、イラクへは多くの日本人が行き、活動できていた。NGOの人々も実際に現地の人々と協力し、本当の意味での支援活動をしていたのである。

それが困難になるような状況をつくり出したのは、いったいだれなのか。「日本がイラクの敵になった」のはなぜか。そうしてなぜ、日本人が拘束されたのか。

ブッシュのウソにまみれたイラク侵攻を支持し、復興ビジネスの分け前と「自衛隊戦地派遣」の実績を目的にした小泉政権の行動にこそ、事件の根本的原因があった。その政治責任を覆い隠そうとして、被害者に「責任転嫁」したのが、「自己責任論」だった。

## 「メディアの責任」とは何か

私は「責任」という言葉を、もっと大切に使いたいと思う。

アメリカのイラク侵攻はイラク全土を戦場にし、少なくとも数万人の生命を奪った。「イラクの大量破壊兵器」がでっち上げの口実にすぎず、「イラク民主化」が多国籍企業と「帝国」の新たな植民地化の言い換えにすぎないことは、もはや隠しようがない。

その侵略に、日本政府は全面的に加担した。ブッシュに政治的支持を与えたことや自衛隊派遣だけではない。沖縄の米軍基地で訓練された海兵隊がイラクに飛び立ち、イラクの人々を殺傷し続けている。日本はイラクの人々の敵になったのだ。

その政府の行動を容認している日本人全体が、侵略戦争加担の責任を問われている。

イラクで人質にされた今井さんたちは、こうしたイラク侵略戦争に反対し、戦禍に苦しむ人たちを助け、その実態を伝えようとした。彼・彼女らこそ、侵略に加担する日本人の責任をとろうと命がけで行動した勇気ある人たちなのだ。

では、「メディアの責任」とは何か。それは何よりもまず、「イラク戦争の真実」を報道すること、自衛隊派遣の実態を伝えることだ。そうして、侵略戦争に加担している日本政府のありようを日本社会全体に問いかけることだ。

日本のメディアはかつて、「日本帝国」のアジア侵略戦争に「天皇の臣民」たちを動員し、戦争に全面的に協力・加担した。アジア各地で数千万人もの人々を殺し、沖縄、広島、長崎などに甚大な被害をもたらした戦争に、メディアは大きな責任を負っている。

かつての「枢軸国」ドイツ、イタリアでは、戦争に協力した新聞はすべて廃刊になった。日本ではメディアの責任追及はうやむやになり、自ら責任を明らかにすることも、責任をとることもなく現在に至った。そこに、戦後のメディアの大きな問題点がある。

「責任をとる」というのはどういうことなのか。

太平洋戦争中、レイテ沖海戦で沈没した「戦艦武蔵」から奇跡的に生還した元海軍少年兵・渡辺清は、一九四六年三月十一日の日記にこう書いている。


おれはこんどの戦争には終始全面的に協力したが、戦争に協力した責任は、今後いかなる戦争の企てにも協力しないということによってしか償うことはできないのではないかとおれは思う。(『砕かれた神――ある復員兵の手記』岩波現代文庫)

この言葉はまさに、メディアに携わる者すべてが心に刻むべきものだ。

日本のメディアは、アジア侵略戦争の責任をとらず、なんの償いもしてこなかった。そして今、イラク侵略戦争の真実、自衛隊派兵の実態をきちんと伝えないことは、メディアの独自の責任、つまり「報道する責任」を放棄するものだ。まして、イラク侵略と自衛隊派兵を支持したメディアは、新たに重大な責任を負ったことになる。『読売新聞』などのメディアが、「自己責任論」をばら撒いたのは、そうした自らの責任を隠蔽し、イラク侵略の実態を明らかにする「人質」たちの行動を人々の目から覆い隠すためであった。

## 「人質解放」をもたらしたもの

今井さんら三人は、拘束から九日目に解放された。続いて安田さんたち二人も拘束四日目に解放された。安田さんは帰国後に出版した『囚われのイラク——混迷の「戦後復興」』(現代人文社)で、自分たちを拘束したグループについてこう述べている。

反米武装勢力を「サダムの残党」「テロリスト」などと呼ぶ人もいる。しかし、私の接した範囲では、彼らのほとんどが、自分たちの暮らしを守るために戦う素朴で屈強な農民だった。それを支えているのは豊かな農村で、裾野はまさに大地に広がっている。彼らを敵に回すということは、「泥沼」に足を踏み入れるということなのだ。しかし、彼らを襲っているのは米軍の「虐殺」である。彼らが解放されるのはいつになるのだろう。

日本はアメリカとともに「泥沼」に足を踏み入れた。そして、「ファルージャの虐殺」のさなか、日本人五人が人質になった。彼らは自衛隊撤退を求め、日本政府はその要求を無視したが、五人は解放された。この「人質解放」をもたらしたのは、何だったのか。

それは第一に、「人質」にされた人たちが「イラク人の敵」ではなく、「イラク戦争に加担する日本人の責任」をとって、彼らを助けようと危険な地域に飛び込んだ勇気ある人たちだったこと。第二に、今井さんたちと同じ志をもつさまざまなNGOの人たちが、「今井さんたちはイラク人の敵ではない」ことをあらゆる手段を使ってイラクの人々に伝え、その懸命の努力が実ったこと。そして第三に、武装グループが小泉政権や『読売』などのメディアが決めつけたような「テロリスト」ではなかったことだ。

今井さんらを拘束したグループは、「人質」解放の際の声明文で、こう述べた。

拘束した日本人三人についての日本政府のコメントを聞いたが、日本国民の気持ちを尊重する意図が全く感じられない。これら政治家は日本国民の意思を代表しておらず、ブッシュとブレアという二人の犯罪者の代理人となっているのが真実だ。(中略)われわれは、独自の情報源から三人が占領軍には協力しておらず、イラク市民を助けていることを確認した。家族の苦しみに配慮し、日本人の事件への姿勢についても配慮することを決めた。(四月十一日ドーハ発『共同』より)

このような言葉を発する人々がテロリストであるわけがない。彼らは「抵抗の手段」として、日本人を人質にとったが、その人質を解放することによって、「イラク侵略戦争に反対する日本人たちと連帯していく」意思をはっきりと私たちに伝えたのだ。

それに応答するには、日本政府に自衛隊を撤退させること以外にない。だが、私たちはまだ、その「応答責任」を果たしていない。

＊

## 青年を殺したのはだれか

イラク邦人拘束事件から約半年後の（二〇〇四年）十月二十七日、福岡県出身の二十四歳の青年・香田証生さんがイラクで拉致・拘束され、四日後に遺体となって発見される痛ましい事件が起きた。

この事件でも小泉政権は「テロには屈しない」と武装グループが要求した「自衛隊撤退」を直ちに拒否、メディアも青年の行動を「軽率」「無謀」などと非難した。

香田さんは、『アル・ジャジーラ』に流されたビデオ映像のなかで「彼らは、なぜ日本政府がイラクに自衛隊を派遣したのかと尋ねています。小泉さん、彼らは日本政府に自衛隊の撤退を求めています。さもなくば、僕の首を刎ねると言っています」と武装グループのメッセージを伝え、「すみませんでした。また日本へ戻りたいです」と訴えた。

「すみません」の言葉は、だれに向けられたのだろう。香田さんの脳裏には、四月の「自己責任論」があったのだろうか。なぜ、被害者が謝らなければならないのか。家族も、報道陣の「自衛隊撤退を政府に求めるか」との質問に「一民間人として国に何をしろとは言えません」と答え、「皆さんに迷惑をかけて申し訳ありません」と頭を下げた。

小泉首相は、まだ身元も確認されない十月二十七日朝の段階から「自衛隊は撤退しない」と言明、それがメディアを通じて世界に流れた。町村外相も同日午前、『アル・ジャジーラ』のインタビューに「自衛隊は復興支援のために派遣されている。撤退はしない」と表明した。この日本政府のメッセージは、確実に武装グループに伝わったと思われる。

映像が流れて四日目の三十一日未明、バグダッドで香田さんの遺体が発見された。同日午後、小泉首相は「解放のためあらゆる努力を尽くしたにもかかわらず、テロの犠牲となり痛恨の極みだ。引き続き自衛隊による人道復興支援を行なう」との声明を発表した。

「人質を殺すなら勝手にどうぞ」と言わんばかりのメッセージを出しておいて、「解放のためにあらゆる努力をした」と言ってのける。こんな人物が日本の首相になっている。

この事件では、外務省が別人の遺体を間違って「拘束されていた男性らしい遺体発見」と広報し、一部メディアが未確認のまま報道する「誤報事件」が起きた。

三十日未明、イラク駐留米軍から「バラドで日本人らしい遺体が発見された」との連絡がイラク日本大使館に入り、外務省の高島肇久報道官が「拘束された男性の体の特徴と一致する部分がある」などと広報した。遺体は米軍機でクウェートに搬送され、三十日午後、日本大使館の医務官が「拘束された男性とは別人」と確認した。

しかし、『共同通信』が未明の外務省情報を「拘束された男性が殺害された」と断定的に速報し、それが『西日本新聞』など『共同』加盟数社の三十日付朝刊に掲載された。他の加盟各社も号外や夕刊に『共同』記事を掲載した。テレビ各局や全国紙各紙も「殺害か？」の疑問符付きながら、速報や号外で、事実上同様の誤報を流した。

香田さんは、まだ存命中に流された誤報によって「日本政府とメディアに殺された」可能性がある。『共同』電は、世界中に流れた。日本政府の「自衛隊撤退拒否」メッセージと『共同』電を受け取った武装グループが、「処刑」に踏み切った——そんな恐ろしい可能性を否定できない。米軍情報を鵜呑みにする外務省、外務省情報を鵜呑みにするメディア。そこには、無事を祈り続ける家族への配慮が完全に欠落していた。

## 繰り返された被害者バッシング

問題は、誤発表や誤報だけではない。この事件でも、四月と同じように第一報の直後から、政府関係者とメディアによる被害者バッシングが繰り返された。

町村外相は、「これだけ再三、強い退避勧告が出ていながら、なぜイラクに旅行したのか。理解に苦しむ」と報道陣に語った。『読売』十月二十八日付社説は「人質になった邦人は、制止の声を振り切ってイラク入りしている。認識が甘かったのではないか。一人の認識の甘さが、復興と民主化プロセスに深刻な影響を与えかねない」と非難した。『読売』が「心配」したのは、拘束された青年の安否ではなく、米軍の占領統治への影響だった。

他社の二十八日付社説も、小泉首相の「自衛隊撤退拒否」を支持したうえで、「軽率のそしりを免れない」(『毎日』)、「無謀な行動だったと言われても仕方ないだろう」(『日経』)、「軽率のそしりを免れまい」(『産経』)などの「そしり」の言葉を投げつけた。

四月には政府・メディアの「自己責任論」大合唱と距離を置いていた『朝日』も、今回は最初から被害者を非難した。二十八日付社説は、「小泉首相は犯人の要求を拒否したが、やむを得まい」と、「自衛隊撤退拒否」を肯定した上で、香田さんの行動について「疑問が多い」「そもそもイラクに向かった理由がはっきりしない」「状況認識があまりにも甘い」「現在のイラクがいかに危険な場所か、わかっていたはずだ」などと批判した。

『朝日』はさらに、香田さんが遺体で発見された後の十一月一日付社説でも「犯人たちは日本政府に自衛隊の撤退を要求し、小泉首相はそれを拒んだ。脅しに応じることはできない。一人の命のかかったことだが、この決断はやむを得なかった」と書いたうえで、再び香田さんの行動について「危険な地をあえて旅しようとした香田さんは確かに無謀ではあったが、この死はさぞ無念だったろう」と、「被害者の責任」を繰り返した。

テレビも、さまざまな番組で「無謀」「軽率」「甘い」などと被害者を非難し、家族に追い討ちをかけた。自宅には嫌がらせの電話がかけられ、家族を支援する直方市には「なぜ公金を使って支援するのか」といった電話やファックスが殺到した。

殺されたのは「自業自得」だという。政府も、メディアも、そして「一般市民」も、なんという冷たい心に支配されてしまったのだろうか、この日本という国は――。

香田さんは、高齢者介護のボランティア活動や海外協力の仕事に関心をもつ心優しい若者だったという。「また日本へ戻りたいです」と訴えた彼のさみしげな顔が脳裏を離れない。
自衛隊がイラクに行かなければ、香田さんは殺されていなかったのだ。米軍がイラクに侵攻し、虐殺を繰り返してこなかったら、香田さんは殺されていなかったのだ。

事件から一カ月余たった十二月十一日付『朝日』「私の視点」欄に、国際基督教大学生・赤尾邦和さんの投稿が掲載された。彼は大学一年生だった二〇〇三年二月にイラク入りし、米英軍がイラク攻撃を始める直前までバグダッドに滞在してイラクの若者たちと交流した経験がある。帰国後の同年六月、彼はその体験ルポも含めた『イラク高校生からのメッセージ――日本の若い世代へ』（講談社文庫）を緊急出版した。

赤尾さんは、『朝日』への投稿で、イラクで殺害された青年に対する「世間の風当たりの強さが納得できない」「好奇心からイラクに入った若者の一人として、彼の思いを代弁させてほしい」として、次のように書いた。

彼への批判の最たるものは、入国が「イラクを見てみたかった」という軽い動機だったことだろう。しかしこの気持ちは、イラクをめぐる国際問題に無関心なら、まず生まれることのない「純粋な好奇心」ではなかったかと思う。（中略）彼は、イラクの現状を自分の目で見て、人々と話したいと願ったのではないか。彼を批判する人で、彼以上にイラクの現状を心に留めている人はどれほどいるのだろうか。（中略）20歳前後の何の肩書きのない若者でも、純粋な好奇心や無鉄砲だと思えるような行動力から、時にジャーナリスト以上の力を発揮することができると、と私は信じている。

赤尾さんの本は、プロ記者によるさまざまな「イラク戦争従軍記」より、はるかにリアルにイラク戦争の真実を教えてくれる。香田さんも、そんな力を発揮していたかもしれない。そういう大切な若い命を私たちは失った。

小泉政権は十二月九日、閣議で自衛隊のイラク派遣一年延長を決めた。日増しに強まる世論の反対も無視し、次のようなイラクの人々の声にも耳を傾けようともせず。

日本人人質の事件は悲しい。家族と友人たちを本当にお気の毒に思う。それに日本の人たちのことも。（中略）人質になった人たちをテレビで見るのは本当につらい。解決の糸口があればと願うが、ありそうもない。日本政府は軍隊を撤退する？　まったくありえない。日本政府にとって3人の命は問題ではないのだから。（中略）イラク人の間には日本に対する敵意がある。日本は軍隊を送り込んできたのだから。日本は軍隊の派遣を決めた時、〝あの〟国々の一つになったのだ。その結果がこれだ。本当にお気の毒……。（リバーベンド『バグダッド・バーニング――イラク女性の占領下日記』アートン、二〇〇四年四月十一日付より）

## 主要参考文献


ボブ・ウッドワード『攻撃計画――ブッシュのイラク戦争』日本経済新聞社
W・D・ハートゥング『ブッシュの戦争株式会社』阪急コミュニケーションズ
S・ランプトンほか『粉飾戦争――ブッシュ政権と幻の大量破壊兵器』インフォバーン
浜田和幸『イラク戦争　日本の分け前――ビジネスとしての自衛隊派兵』光文社
野嶋剛『イラク戦争従軍記』朝日新聞社
今泉浩美『従軍日誌――イラク戦争・兵士と過した36日』日本テレビ
山本美香『中継されなかったバグダッド』小学館
佐藤真紀・伊藤和子編『イラク「人質」事件と自己責任論――私たちはこう動いた・こう考える』大月書店
広河隆一写真集『アメリカはイラクで何をしたか』あごら
姜尚中・酒井啓子『イラクから北朝鮮へ――妄想の戦争』太田出版
酒井啓子『イラク　戦争と占領』岩波新書
田中宇『イラクとパレスチナ――アメリカの戦略』光文社新書
板垣雄三編『「対テロ戦争」とイスラム世界』岩波新書
ノーム・チョムスキー『覇権か、生存か』集英社新書

# イラク拉致事件とメディア・バッシング

野村剛史
小野塚知二

二〇〇四年四月にイラクで発生した日本人拉致事件に端を発する被害者と家族へのさまざまなバッシングという一連の悪夢のようなできごとは、すでに次第に記憶から遠ざかりつつある。では、それは二度と起こらないのだろうか。

政府・与党が「国策に反する」言動をとる者に圧力をかけた例は、古今東西を問わず数限りなくある。それは独裁国家のみに現われる特異な事象ではなく、自由主義と民主主義を標榜する社会においても残念ながらたびたび発生している。権力を背景にして圧倒的な少数者を抑圧することの是非だけでなく、それが国家の本質に関わる問題なのか、それとも何らかの条件のもとで発生する異常事態なのかなど問われるべきことは多いが、ここではそれらにはいっさい立ち入らない。

本稿で論じようとするのは、マスメディアによるバッシングについてである。マスメディアは芸能人や政治家のスキャンダルだけでなく、しばしば「普通の人々」にも群がる。むろん、普通の人々の普通の経験では話題にもならないのだが、普通の日本人が経験しないような困難に自らの意思で直面して「世間を騒がせた」普通の人を、マスメディアは古くから叩いてきた。およそ一世紀ほど前のことになるが、イギリス汽船タイタニック号の処女航海（一九一二年四月）に乗り合わせて北大西洋で遭難した唯一の日本人、細野正文氏は「最後の救命艇」に逡巡のすえ、自らの意思で乗り込み生還したのだが、その稀有な経験をめぐって帰国後さまざまな誹謗中傷を浴び、鉄道院副参事の職を失い、恥ずべき日本男児として教科書にまで載せられた。さらに没後、一九五四年九月の洞爺丸《どうやまる》事故の際に、われ先に助かろうとした悪例として言及されたほどで、マスメディアの執拗さを知ることができる(1)。

これ以後も、同様な例がある。以下、本稿の第一節では、戦後のメディア・バッシングのうち著名なものを取り上げ、メディアによるバッシングの特徴と、それが発生する条件を探り、バッシングする側の論理を再構成する。第二節では、イラクでの日本人拉致事件の際のマスメディアの姿勢のうち、見逃がされがちではあるが重大な問題を含んだ例として、テレビ朝日の「朝まで生テレビ！」を取り上げる。それは、政府与党に意識的にすり寄って、おもしろおかしくスケープゴートを仕立て上げる確信犯的なバッシングではなかったが、しかし、客観的に見るならば、バッシングを容認し、正当化する役割を果たしたと考えられ、マスメディアの倫理や社会的責任を考える手がかりとなるであろう。

本稿は全体として野村と小野塚の合作であるが、第一節は野村が、第二節は小野塚が草稿を執筆し、両者で必要な調整を施した。

## 一　マスメディアによるバッシングの事例から

### メディア・バッシングとは

まずここでは、メディアによってバッシングされる側の人々から、大きな団体・公的な権力を持つ人物・芸能人・犯罪の被疑者を除いておきたい。

大きな団体としては、例えば六〇年安保時の全学連、その後の三派全学連などは、随分マスコミから叩かれた。しかし叩かれる側にある程度の力があれば、当事者たちはバッシングにめげずに反撃するし、援軍も存在する。「弱り目にバッシング」という言葉があるくらいで、非力な個人でなければ、バッシングにはあまり効果がない。「弱いもの」を叩くのがバッシングであるから、団体叩きの場合、第三者的にはバッシングが行なわれているようには見えないものである。

その意味で権力を持つ側の人物も当然、弱者とは言えないから除かれる。田中角栄元首相なども相当な被害者意識を持っていたと思われるが、常に権力を行使していたわけで、そこにあるのはバッシングというよりも、政治的な闘争であろうかと思われる。

芸能人については、男女関係（無数にある事例）、暴力団関連（美空ひばりの事例）など一種のバッシングが繰り返し生じているが、「一種のバッシング」と言わざるを得ないように、そのこと自体が話題づくりに貢献していたり、人気のある芸能人には一種の「力の行使」が認められ、話が複雑な迷路に落ち込みかねないので、やはり除外する。もちろんこれは、あくまでも迷路を避けるためなのだから、場合によってはこれらも、立派なバッシングの事例になることに注意が必要である。

「犯罪の被疑者」とは、容疑だけではこの条件には当てはまらず、最低限「逮捕」にまで進まなければ「被疑者」とは言えない。また「犯罪」と言っても、政治犯・思想犯の場合は、例えばテロ行為などであってもここに言う「犯罪」とは別個のカテゴリーに属する。「犯罪の被疑者」のケースでは多くの冤罪事件があり、その場合は「被疑者」はただちに冤罪事件の「被害者」に転化する。「犯人に人権はない」だの「検挙率と冤罪率を秤量すべきだ」などの驚くべき（法学者の）意見があるが、冤罪事例では真犯人は逃亡し無辜《むこ》の市民が罰せられるという二重の過失が生じるわけであるから、冤罪は絶対に避けられるべきであることは自明である。冤罪は臆断によって、無関係な市民に突然降りかかる人災である。しかもその場合は、警察・検察のみならず一部の（場合によっては多くの）市民の臆断が、警察・検察のそれを導いたり正当化したりしている場合も多い。当然、マスメディアもそれに絡んでいる。だから、後に述べるように本稿でメディア・バッシングとする場合と無関係では済まないのだが、冤罪事例では、必ずしもメディア・バッシングが中心の課題となるわけではないので、これも本稿の考察からは除外する。

## 戦後の主なメディア・バッシング

以下、事例は山ほどあると言ってよいが、なるべく記憶に新しいところで、戦後の主なメディア・バッシングを取り上げる。

### (1) イエスの方舟《はこぶね》

一九八〇年二月七日、『サンケイ新聞』朝刊に次のような見出しが躍った。「わが娘を返してください、イエスの方舟」、「千石イエスよなぜ逃げる」、「両親や友人に脅迫じみた手紙や電話」、「こうして〝神隠し〟に、教室までつきまとう」。以後同紙は、不定期に大々的なキャンペーン記事を掲載し続けた。特に煽情的な見出しを次に示す。「イエスの方舟を追う、現代の神かくし」、「催眠かける達者な弁舌、妖術師」、「不安定な心に乗じ、女性を説く、笑い話や鋭い口調」。

ことの発端は、一九七九年「千石イエスよ、娘を返せ」と題する手記が月刊『婦人公論』十二月発売号に掲載されたことである。多くの若い女性（といっても成人）が千石剛賢《せんごくたけよし》氏の主宰する「イエスの方舟」に入会、家を出たきり帰らないというのである。翌年の上記『サンケイ』の記事に飛びついたのは、主としてテレビと週刊誌の類であった。イエスの方舟はハーレムまがいの淫祠《いんし》邪教の類との妄想が生み出され、騒然たるありさまであった。やがて警察も介入。八〇年七月に千石氏は、入会者家族からの名誉毀損告発で書類送検される。

ここで登場したのが『サンデー毎日』で、当初よりイエスの方舟に同情的な報道を続けてきた同誌がグループに定住地を提供し、入会者の家族と和解が成立、結局千石氏は起訴猶予になった。その後、聖書研究会としてのイエスの方舟は、現代の家族のあり方を問い直す存在として、一部とはいえむしろ高い評価を受けるようにさえなったのである。反千石イエス・キャンペーンも雲散霧消した。しかし「妖術師」とまでののしったメディアが、その後その責任を自ら問うた形跡はない。

**(2) いわゆる「ロス疑惑」**

一九八一年、ロサンゼルスで三浦一美さんが銃撃され意識を失い、一年後に死亡した事件である。(2) 一九八五年に夫である三浦和義氏が日本で逮捕・起訴された。銃撃事件に先行して一美さんに対する「殴打事件」というのが発生しており、その件で一女性と三浦氏が起訴され、女性、三浦氏とも有罪が確定している（三浦氏はこの事件に関しても「単なる痴話喧嘩」と述べている）。「銃撃事件」では三浦氏の委託を受けたとされる「実行犯」として一男性が起訴され、こちらは早期に無罪確定。検察は急遽、銃撃事件の「実行犯」を氏名不詳者に切り替えて三浦氏の銃撃事件の公判を維持しようと試みた。実行犯が急遽氏名不詳者に切り替わるようでは犯行のストーリーの架空性が際立つのは当然で、一審の東京地裁は三浦氏に無期懲役の判決を言い渡したが、二審の東京高裁は三浦氏の逆転無罪、二〇〇三年に最高裁もこの判決を支持したため三浦氏の無罪が確定した。事件発生以来二一年が経過している。

冤罪事件は取り扱わないとしている本稿がこの事件を取り上げるのは、三浦氏の逮捕・起訴よりもマスメディアによる「疑惑」報道が先行しているからである。直接の発端は、『週刊文春』一九八四年一月二十六日号から七回にわたって連載された「疑惑の銃弾」であった。報道は三浦氏本人か特定できる形であり、三浦氏側も法的手段で反撃したため、ワイドショーをはじめとして各種メディアがこの事件に飛びついた。三浦氏によれば、一部の取材者は三浦氏の子どもを突き飛ばし、それに抗議する三浦氏の怒りの表情をアップで放映、氏の「不逞ぶり」を視聴者に印象づけようとするヤラセ行為にまで及んだという。ちなみに、時のメディアの狂乱ぶりは記憶に新しいところと思ったが、二〇年も昔の話なのであった。

この事例の特徴は、メディアが警察・検察に先行して「事件」づくりに励んだことにある。それまでのメディアも、警察発表を垂れ流しにして冤罪事件に加担するという姿勢が批判されることはあった。松川事件、八海《やかい》事件、徳島ラジオ商殺し、甲山《かぶとやま》事件などの初期報道がそれである。しかし、メディアが自ら名探偵ぶりを発揮してストーリーを構成しようという方向性を示したことは、まずなかったように思われる。警察・検察はいわばメディアに使嗾《しそう》される形で、立件を余儀なくされたようなところがある。「実行犯」を氏名不詳者とせざるを得なくなった段階で、検察は内心、公判の維持は難しいと判断していたのではないかと思われるが（それでも実行犯とされる男性の一審無罪判決後になおも控訴して、結局は国家賠償を行なわざるを得なくなった検察の責任は、重大である）、おそらく、マスメディアの圧力と「検察の威信」の名のもとにさらなる公判の維持に努めたものであろう。事件について詳しい（と思われる）ある法学者は、無罪判決に直面して「勇気ある起訴だった」とコメントしているが、問わず語りに無罪の可能性の高さを「専門的見地」から述べているわけである。

この事例の第二の特色は、三浦氏がマスメディアに対して徹底抗戦の構えを維持し続けた点にある。マスメディア（ないしそこに登場する個人）に対する三浦氏の民事訴訟は、五〇〇件あまりにも及ぶという。その過半数を大きく越える係争が三浦氏の勝訴（有利な和解を含め）だという。この徹底抗戦の構えが、マスメディアによるさらなるバッシングを呼び込んだようである。

「ロス疑惑」事件は、戦後のマスメディアの一つのターニングポイントとなったように思われる。事件のストーリーをつくり上げ、それが崩壊してもメディアは決して自分たちの非を認めようとしない。権力と闘うことはなくとも、非力な個人は平気で袋叩きにする。この事件までは、こんな光景は見かけなかったような気がする。私はメディア事情に詳しい者ではないから、そんな劣化したメディアがずらりと並んだ国が世界にどのくらいあるのか分からない。そもそもこれまでのメディア論というのは、「メディア・リテラシー」などと言ってメディアをどう読むかが主なテーマとなってきた。事態はどうもそれだけでは済まないようである。その点を改めて認識させてくれたのが、次の「松本サリン事件」である。

### (3) 松本サリン事件

この事例は冤罪事件としての様相が濃いので、簡単に触れるだけにする。一九九四年、松本市の河野義行氏近隣の住宅街でサリンが撒かれて七名が死亡した。当初は散布された薬剤がサリンだということも分からなかった。事件そのものは、翌年の地下鉄サリン事件を経過した後、オウム真理教の信者による犯行であることが判明したが、河野氏は妻とともにその被害者だったにもかかわらず、あたかも容疑者であるかのような取調べを警察で受け、当然とはいえ、それに頑強に抵抗した。ところがメディアは、一方的な警察の見込みに追随する。既にネット時代に入っていたため、マスメディアのみならずネット上のＨＰで、河野氏がサリンを製造したかのような「仮説」を立て、その検証に憂き身をやつす者も現われた。イラク拉致事件的状況が生じ始めたのである。

以上わずかな事例を垣間見たに過ぎないが、総じてこれらのバッシングないし報道被害は、（バッシングする側から見ての）犯罪報道がらみの事例と言える。イラク拉致事件のような被バッシングの当事者に、当初よりいささかの加害性も認められないケースというのは珍しい。それでは、これまで全くそのような事例が存在しないかといえば、そうではない。今回の事例に最も近い典型例として、ヨットマンで知られる堀江謙一氏に対するバッシングが思い浮かぶ。

## 堀江謙一氏に対するバッシング

「お帰りなさい、そしておめでとう、堀江さん」。ヨットによる東回りでの単独無寄港世界一周を達成し、7日、新西宮ヨットハーバー（西宮市西宮浜）に帰港した堀江謙一さん（66）を、ヨット仲間や市民、支援者ら約530人が出迎え、31年ぶりの単独無寄港世界一周を達成した喜びを分かち合った。

これは、二〇〇五年六月八日『読売新聞』東京版に掲載された記事である。好意的であると言ってよいであろう。山の植村直己とともに海の堀江謙一は、日本で最も名高い「冒険家」として知られている。(3) しかしその「三一年」前の「快挙」のさらに二年前、堀江氏は単独無寄港世界一周を目指して日本を出発、マストが折れて遠州灘付近で計画を断念せざるを得なかった。その模様を当時のメディアは次のように伝えた。新聞の見出しのみ並べてみる。

「〝迷惑冒険〟マーメイド号、やっと救助依頼、神戸の友人通じ、なお位置は不確か、自分本位、そのうえ準備不足」（一九七二年十一月二十日『読売新聞』朝刊）、「無惨な姿でマーメイド、「反省してます」堀江さん、「責任追及」と保安庁、問い直される〝冒険〟」（同年十一月二十一日『毎日新聞』朝刊）。

週刊誌はどうか。

「冒険業　堀江青年10年目の壮挙で遭難騒ぎの計算違い」、「名を忘れられかけた〝英雄〟の性急だった世界一周ひとりぼっち」（『週刊サンケイ』一九七二年十二月八日号）、「マストが折れなくても成功はなかった?」（『週刊読売』十二月二日号）。『サンデー毎日』はもっと念が入った弁明入りである。「失敗したからいうのではない」「マーメイド2世号はオンブにダッコの〝暴険〟だった」（十二月十日号)。女性誌もまた言う。「堀江謙一夫妻の10年の夢がたった2日で敗北するまでの新事実!」(『ヤングレディ』十二月四日号)。さらに「〝冒険〟と〝他人迷惑〟の紙一重の相違とは?」のような小見出しがあって、以下のように記事が続く。「海上保安庁警備救難課の話によると、今回の遭難救助に要したものは……ですから実際の費用は……二〇〇〇万円ぐらいになるはずです」。そして最後に、あるOLの次の言葉で記事は結ばれる。「個人の名誉欲や冒険心を充たすために、私たち国民の税金を払わされるのはごめんだわ」。

よく知られるように、堀江氏は一九六二年、太平洋をヨットで単独横断した。咸臨丸《かんりんまる》以来と言ってよい快挙であった。その時の記録は、彼の著書『太平洋ひとりぼっち』で知られる。『太平洋ひとりぼっち』は、サンフランシスコでアメリカの記者たちから双眼鏡でビキニの女の子たちを眺めさせられるところで終わっている。「快晴の真昼である。日本晴れだな、と思った」。

当の日本では日本晴れどころではなかった。堀江氏の成功は、日本の新聞では次のように報じられたのである。一番扱いの大きい『毎日新聞』八月十三日夕刊の見出し。「ヨットで単身、太平洋を横断」「密出国の大阪青年」「3度のアラシ　94日かかって」「髪ボサボサだが元気」「人命軽視の暴挙送還後調べる」「国産・自力で初めて」。

なぜ「密出国」なのかと言うと、堀江氏がいくら申請してもビザ、パスポートが発行されなかったことによる。『毎日』の記事によれば、「たとえ申請があっても許可しないのは常識」(大阪入管)、「法を無視して出国したことは責任を問わねばならぬ」(大阪海上保安監部)、「アメリカからはすぐ不法入国者として強制送還され、日本につくとすぐ逮捕されることになる」（同救難係）というわけであった。事実、同年二月ドラム缶イカダで太平洋を横断しようとした金子健太郎氏は、巡視船に捕捉・曳航《えいこう》され、上陸後「出入国管理令違反」で逮捕・拘置されている。堀江氏も「強制送還」され、同様の取調べを受けるはずであった。

ところが、すぐに風向きが変わる。強制送還どころか、サンフランシスコの市民は堀江氏を英雄視して大歓迎、堀江氏は同市の名誉市民の称号を与えられる。アメリカのメディア論調も同様であった。日本の新聞の論調も変わる。さらに衆院運輸委員会も、堀江氏の不法出国に対して「寛大な処置」を要求する。

こうした手のひらを返すような反応に対する堀江氏の不信感もあったのだろうし、もともと小さなヨットでたった一人太平洋を横断するような人間に、メディアに対する媚びを期待する方が間違ってもいよう。その後の堀江氏は必ずしもメディア受けする人物ではなかったようである。それも一つの原因となって、先のような「それ見たことか」というメディアの反応が生じたのかもしれない。

**堀江バッシングとイラク拉致被害者バッシングとの共通点**

堀江氏に対するバッシングとイラク拉致被害者に対するバッシングには、次のような共通点が認められる。時にその他のバッシング事例も併せて、考えてみることにする。

① バッシング対象者が突出した個人であること。

イラク拉致被害者も堀江氏も、ボランティア活動や報道のため（イラク）、単独無寄港帆走（堀江）など、通常平凡な個人ではなしえない行動を強い意志の力で実行に移している。そこには当然、敢えて事を行なうという個人の強い主張が認められる。

②冒険的であること。

①に加え、危険を冒す要素が認められる。当然命に関わる失敗が予想され、それをもって人々は「無謀」と非難する。

③反権威的ないし、反権力的であること。

日本の南極探検やマナスル（ヒマラヤ山脈）初登頂の実行者などには、①、②の要素がともに認められるが、いずれもいわば政府公認の事業であった（実際に政府が金を出したかどうかは別である）。堀江氏の場合は太平洋横断時の旅券なし渡航のみならず、いわゆるヨット社会とでも言うべきものの権威を認めないところがある。「イラク拉致被害者」の場合は、言うまでもない。

④実行者のもくろみ通りに事が運ばないこと。

これは堀江氏の太平洋横断の場合を見れば分かるように、必ずしも必要な要件とは言えない。しかし、たいていのバッシングは実行者の何らかの蹉跌がきっかけになる。

**バッシングの論理**

次にバッシングする側の論理を見てみよう。堀江氏の事例に顕著だが、表だっては「迷惑をかけた」の一点に集中する。現在の日本の社会では、思想信条・言論・行動の自由が基本的に認められている。天皇制に関するタブーは残存するが、基本的に国民は何を考え何を行なっても第三者は文句の言いようがない。そのような現代社会で最も広く通用する倫理基準は、「人に迷惑をかけるな」であろう。イラク拉致事件に関して「自己責任論」が盛んに登場したが、自己責任はある意味で当たり前である。むしろどこからの援助も受けず、すべての行動を自費でまかなおうとした堀江氏やイラク拉致被害者の方が、南極探検隊やイラク派遣の自衛隊よりも自己責任性が強い。だから最終的には「何らかの迷惑がかかった」以外に文句の付けようがないわけである。一九六二年の堀江氏の太平洋横断は、誰にも迷惑をかけていない。だから「不法出国」だけが問題視されればよいはずだが、海上保安庁はそれだけでは話が済まないと思うのであろう、「無謀である、人命軽視である」と述べ立てる。しかしこの人命とは堀江氏自身のものなのだから、「人命軽視」というのはわけが分からない。要するに何かあったときに自分たちに迷惑がかかるということなのであろう。そこで一九七二年にマストが折れて堀江氏が世界無寄港一周に失敗すると、これほどの迷惑がかかったとばかり救援のための費用を述べ立てるわけである。しかし本来公務員は、「全体の奉仕者」である。極端にいえば迷惑をかけられるために存在している。究極的には「迷惑だ」ということを述べられない立場にある。だから最終的には「迷惑」のすべては消費される税金の額に還元される。これをイラク拉致事件に即して考えてみよう。

イラク拉致事件で、被害者救出のための費用を持ち出す人々はたしかに存在した。政治家や政府関係者にまでそのような議論を口走る人がいたのは、驚くべきことである。しかしイラク拉致事件で「迷惑論」や「費用税負担論」を持ち出すことはできないと、私は考える。なぜなら、被拉致者は被害者であるからである。「危ないところへ行くな」とアドバイスすることはできる。場合によってはイラクへの渡航を（現行法が許すなら）禁止することもよかろう（そうすると渡航者は堀江氏のような「不法出国者」になるが、禁止以前には当然そのような認定は不可能である）。しかし不当な行為の一方的な被害者に、被害者自身の存在が迷惑だと述べることはできない。むしろ政府には、在外日本人保護の義務さえあるのである。迷惑論が成り立たないなら、「自己責任論」も無効である。「迷惑をかけられたが、彼らはその責任を取っていない」ということが成り立たないからだ。では政府関係者は拉致被害者にどのように述べたらよかったか。ただしここでは、事柄の見通しを良くするために、自衛隊のイラク派遣、いや根本的なアメリカのイラク戦争そのものの当否は問わない。

おそらく政府関係者は、「被害者であるあなたたちの救出には全力を尽くす。しかし派遣している自衛隊の撤収は行なわない」とのみ述べればよかったかと思われる。自衛隊派遣賛成派のメディアも同断である。むろん、アメリカのイラク戦争も、日本の自衛隊派遣も間違っている、武装勢力の要求に応じて撤退すべきである、との議論も巻き起こるであろう。それに対しては、「種々の理由でその議論は間違っている」とだけ述べればよいのである。おそらくはブッシュであっても、そのように述べるであろう。被害者に自己責任などを問うことはフェアではないという議論が、必ず巻き起こるであろうからである。しかし日本の政治家もメディアも、よほど派遣の論理に自信がないのであろうか、しかも「迷惑だ」と述べるのはいくらなんでも気が引けるのであろう、持ち出された議論は、ムードだけの「自己責任論」であった（ただし、より無責任な立場から、「迷惑論」を持ち出した人々はいた）。つまり「迷惑をかけられた」と明瞭に述べ得ないために持ち出されたのが、「自己責任」というムード語だったのである。

## 日本型バッシングの特殊性

それにしてもなぜ、相当数の世論が「自己責任論」に同調しバッシングに加担したのであろうか。それを理解するためには堀江バッシングとの共通点を眺めてみればよい。ごく簡単にいえば、日本人にはいまだに「権威・権力のお墨付きのない、突出した個人の冒険的行為」を冷笑し嫌悪する人々が多い、ということである。マスメディアは、このような「突出した個人の冒険」に対する人々の嫌悪感に同調・便乗しているのである。この点が欧米とも、おそらくは隣国の韓国とも異なる「日本的特殊性」ではないか、と私は思う。

イラク戦争や自衛隊派遣に反対する世論は、二〇〇四年までにももちろん存在した。政府が自衛隊派遣を決定しても、それに反対する権利は誰にでも認められる。息子をイラク戦争で失った米国のシンディ・シーハンさんの反戦活動に対して、ブッシュ大統領は「彼女がそのようなことを主張する権利は認める」と断わった上で、シーハンさんの主張を間違ったものとして退けている。日本のメディアには、二〇〇四年時点での「イラク自衛隊派遣反対論」に対して「一度決まった政府の方針に反対することは国益に反する」と主張する潮流がなかったとは言えないが、そんな主張は直截には通用しない。また派遣反対論は、ほぼ常に世論の過半数を制してもいたのである。だからイラク拉致事件を契機に、派遣反対の世論が一挙に盛り上がる可能性も十分考えられた。それは例えば、自衛隊が武装勢力の大規模な攻撃を受けたと仮定したときの世論反応を考慮してみても、想像できる事態である。だが残念ながら、拉致事件では拉致被害者に対するバッシングが先行した。つまり相当の派遣反対論が存在するなかで、バッシングは機能したのである。ここには、やはり「日本的特殊性」という要因を指摘することができると思う。

アメリカのパウエル国務長官（当時）の「危険を知りながら、良い目的のためにイラクに入った市民がいることを日本人は誇りに思うべきだ」という発言は、既に見た「自己責任論」とは全く対照的である。このパウエル発言は、堀江氏に対するサンフランシスコ市民の反応と同型をなしていることに注目すべきである。大局的に見た場合、パウエル長官の政治的立場は米政府そのもの（＝日本政府）だったわけだから、このような発言こそフェアと称されるべきであろう。と同時に、この発言はバッシング派にはさぞ苦々しかったものと思われる。ただパウエルがブッシュ政権内で孤立的傾向にあったこともあって、この発言は日本の世論に対して、堀江氏に対するサンフランシスコ市長の称賛ほどの効果はもたらさなかったように見える。このような反応は、日本のアメリカに対する主体性の回復と言うよりも、一種の内向であろう。ジャパン・アズ・ナンバーワンというほめ殺しが効いたせいか、現在の日本は大量の海外情報が流入しているように見えて、そこから何かを学ぼうとする姿勢に、いたって乏しいのである。

本稿は、はじめに相当の紙数を裂いて、刑事事件型のバッシング事例に触れた。ある意味でそれに対照するような形で、堀江氏やイラク拉致事例について述べてきた。しかし最後に、刑事事件型にも堀江・イラク型にも認められる、バッシングに共通の要素を指摘せねばならない。それは、あまり「世間」や「お上」を意に介さないという意味で勇気のある突出した個人がバッシングの対象者になるということである。彼らは何らかの意味での「冒険者」である。冒険者は失敗の可能性を常に負っている。そして失敗にはバッシングが追い打ちをかける。これは社会的には大変なマイナス要因である。バッシング的精神が私たちの社会に何らかの「貢献」を果たしたことなど、ただの一度もないのである。

## 二　「朝まで生テレビ！」に見るメディア・バッシングの一断面

### イラク人質事件の際のメディア・バッシングと「朝まで生テレビ！」

二〇〇四年四月のイラクで日本人三人が拉致される事件が発生してしばらくしてから、日本のマスメディアの一部はさまざまな仕方で被害者と家族に対する誹謗中傷をはじめた。そのなかには、「自己責任論」の装いをとった非難もあった。人質解放のために政府は莫大な費用を払ったに違いないのだから（との推断に基づいて）、彼らは十年でも二十年でもかけて月賦でかかった額の全額を支払うべきだといった、無理な議論を主張する評論家を登場させるなどの形で、「自己責任論」はたしかに振りまかれた。だが、むしろ多くはまったく低劣な誹謗中傷、悪罵にすぎなかった。そのもっとも典型的な例が、『産経新聞』によって繰り広げられた「自作自演説」であり、『週刊新潮』（二〇〇四年八月十二・十九日号）の「未だに「飛行機代」を払わない「イラク人質3人組」」であり、また、被害者と家族の家庭環境や経歴など事件とは無関係なことがらを、ことさらに暴き立てる低劣な報道であった。いずれも、一片の証拠も示さず、また既に明らかにされている基本的な事実の確認も怠ったままでなされた、悪質な中傷記事であった。さらに、マスメディアとは次元を異にするが、インターネット上で「2ちゃんねる」やさまざまな掲示板を舞台にして、脅迫まがいの言辞と虚偽の混ざり合ったさまざまな誹謗中傷が匿名で書き込まれ、多くの人の眼に触れたのも、今回のメディア・バッシングの大きな特徴であった。(4)

本稿では、私たちがテレビ朝日の「朝まで生テレビ！」に対して公開質問状を発し、その後数回のやりとりを通じて何を問いかけようとしたのかを紹介する。私たちが「朝まで生テレビ！」について問題視したのは、直接的には、上で簡単に見たような確信犯的な「自己責任論」でも、被害者と家族を攻撃すること自体を目的とした悪罵でもなく、それらよりはるかに非自覚的で微妙な問題である。言い換えるなら、私たちは「朝まで生テレビ！」がテレビ電波を用いて何かを流した／流さなかったことを問題にしたのではなく、むしろ、この番組のために制作側がインターネットを用いて視聴者に問いかけた、その仕方を直接的には問題にしたのである。なお、ここで「私たち」というのは、二〇〇四年四月二十二日付の緊急アピールから始まった「イラクから帰国された5人をサポートする会」(5)、より正確にはその世話人を指す。ただし、本稿はこの会や世話人の総意をまとめたり、代表するものではなく、執筆者の責任において作成されている。

「朝まで生テレビ！」とのやりとりは、およそ以下の経緯をたどった。これ以後の記述でA〜CないしE、Fの記号がある場合、それぞれの出典を示す。

A：イラクから帰国された5人をサポートする会（代表世話人・醍醐聰）「「朝まで生テレビ」番組作成者への公開質問状」、二〇〇四年五月三日。

B：「朝まで生テレビ！」統括プロデューサー日下雄一「イラクから帰国された5人をサポートする会」宛の回答、五月十四日。

C：サポートする会「イラク人質事件に関する貴局のご回答に関する私達の見解――公開書簡」、五月三十一日。

D：サポートする会と「朝まで生テレビ！」番組制作者との懇談、六月十七日午後四時から約三時間（公式記録なし）。

E：日下雄一「「イラクから帰国された5人をサポートする会」との懇談を終えて」、七月九日。

F：サポートする会「『朝生』番組制作者との懇談と日下氏所感についての世話人会見解――『朝まで生テレビ！』プロデューサー日下雄一氏の『「イラクから帰国された5人をサポートする会」との懇談を終えて』について」、七月二十九日。

このように、私たちの疑問や意見に真摯に対応して、何度も文書回答をいただいただけでなく、長時間の会談の機会も設けてくださった日下氏をはじめ「朝生」担当者には深く感謝する。以下では、かなり厳しいことも書かざるをえないが、それらは「朝生」担当者とのやりとりを通じてはじめて可能になったことであり、多忙ななかでも私たちとの間に応答関係を保った彼らの姿勢は特筆されてよい。

## イラクよりバッシングに傾斜していた「朝生」アンケート

私たちが疑問を投げかけたのは、二〇〇四年四月三十日深夜（日付上は五月一日未明）に放映された「朝まで生テレビ！」（当日のテーマは「激論！　憎悪と虐殺!!　イラクの未来は?!」）の番組内討論の参考として、視聴者の意見を求めたインターネット上でのアンケートに対してであった。このウェブ・アンケートのうち、とくに私たちが関心を集中させたのは、Q1「人質とその家族に対するバッシングをどう思いますか?」という設問と、その回答選択肢として用意された「非難されて当然だ」であった。

ここで一つ奇妙なことに気づかされる。四月三十日放映の同番組の主題は、自己責任論やバッシングではなく「イラクの未来」であった。実際の討論でも、イラクでの拉致被害者やいわゆる「自己責任」が話題にならなかったわけではないが、多くはイラクの現状や将来予測、自衛隊派遣問題などをめぐって進行したように思う。ところが、五月末まで続ける予定であったウェブ・アンケートでは、Q1でまず何よりもバッシングの是非を問うたのであって、討論の主題とこのアンケートとの間には無視できないズレがあったといわざるをえない。討論の企画趣旨のとおりなら、アンケートもまずは、イラクの現状についてとか、自衛隊派遣の是非について問う方がはるかに自然だからである。なおQ2は、自衛隊派遣を実施した政府の拉致事件への対応や、「自己責任論」の引き金となった政府要人の発言などについて意見を問うもので、選択肢は用意されず自由記入欄だけが設けられていた。

番組制作者側は後に、「〝バッシング〟が既に大きな社会問題となっており（問題とされている中身の是非は別として）、社会問題を取り上げ、その是非、本質を問うことは、むしろメディア、とりわけ多数の国民に問い掛けるテレビメディアの役割である」と考えたのであって、「当設問を含めた論点・問題点は本討論（約三時間）に反映させ、この社会現象の背景と理由、分析、賛否、解決策などについて参考にした」かったのだと番組の意図を説明した（E）。しかし、この説明もいささか不可解である。「イラクの未来」を日本のテレビ番組で討論するための参考にするのに、なぜ自衛隊派遣の是非や、イラク問題に関する日本外交の問題点よりも、バッシングの是非を問うことを優先させなければならなかったのだろうか。拉致事件発生当初、巻き起こるかに見えた自衛隊派遣や日本外交に関する論点が、政府筋の「自己責任論」と一部マスメディアの呼応により急速に消失し、かわってバッシングが広がってしまった状況——バッシングに共鳴し、またインターネット上でそれを再生産していた人々——に迎合したアンケートのとり方になっていると解釈したら考えすぎだろうか。このウェブ・アンケートは、政府の責任より、イラクの拉致被害者の「自己責任」の方へ傾いた姿勢でなされたのであった。

## アンケートの技術的な問題点

さらに、このウェブ・アンケートは以下のような問題をはらんでいた。第一に、「人質とその家族に対するバッシングをどう思いますか?」というQ1で、択一回答のうち一番上にある「非難されて当然だと思う」に初期設定で印がつけられていた。「非難されるいわれはない」、「度を超えた非難はいかがかと思う」、「その他」の選択肢はその下に並んでいたが、こちらを選ぼうとする者は、印を変更する形式になっていた。こうした初期設定や、選択肢の並べ方に何らかの調査意図が込められていたのかどうか、明瞭には判断できない。しかし、この設問で択一回答を選ばずに自由記入欄に意見を書き込み、その後Q2に進んだ者や、はじめからQ2だけに答えようとした者は、Q1で「非難されて当然だと思う」に印が付いたままアンケートを終えることになる可能性があった。つまり、このアンケートは客観的には、「非難されて当然だと思う」が回答者の真意よりも高い比率で集計される効果を有していたのである。

学生の授業評価で、「この講義はたいへんすばらしく感激した」という選択肢にはじめから○のついた評価用紙を配布し、それ以外の選択肢を選びたい者や、その設問に答えたくない者は、予め付けられた○をわざわざ消さなければいけないアンケートを教員が実施したら、その教員はおそらく笑い者になるだけではすまないだろう。実際に、テレビ朝日は私たちの指摘を検討した結果、当初は月末まで実施する予定であったウェブ・アンケートを五月六日になって中止した。中止せざるをえないほどにずさんなアンケートをいったんは(とはいえ一週間にもわたって)インターネット上に流してしまった原因は何だったのだろうか。それを判断できる立場にはないが、これ以前にも「朝生」のウェブ・アンケート(二〇〇二年十一月二十九日深夜放映「激論! これでいいのか日本!——歴史認識・北朝鮮・安全保障」)には、「ご意見集計」のページが二種類存在し、円グラフと元の数値データが食い違うなど、さまざまな問題点が指摘されていた。[6] 直接的にはウェブ・アンケート(や「朝生ご意見自動集計プログラム」)の作成を請け負った者の単純なミスであった可能性が高いと思われるが、番組制作側のチェックが不充分であったことは否めない。

第二に、ウェブ・アンケート全体に指摘できる問題だが、同じ者が何度も投票することを完全に排除できるようにはなっていなかった。そのことに気づいたある人が五月一日と二日の両日にわたって、重複投票の可能性を試してみたところ、およそ以下のような結論が得られたという。[7] 五月一日午前七時半から午後十一時半頃にかけて、八回の投票を試みて、最初の投票以外に三回は「ご投票ありがとうございました」の表示が出たという。これは投票結果が受理されたことを意味するのであろう。それ以外の四回は「既に投票済みです。ご投票ありがとうございました」との表示が出たとのことである。この場合は、おそらく重複投票として排除されたのであろう。この日の実験で、投票間隔が短いと排除される傾向があることに気づいたこの人は、翌日午前中に再度、投票実験を行なった。次の投票までの間隔を三五分から五分刻みで短くしていったところ、間隔一〇分まででは投票が受理され、間隔を五分にしたところではじめて「既に投票済みです。ご投票ありがとうございました」の表示が出たそうである。その後再び一〇分の間をあけて投票したところ、それは受理されたという。この日の実験では九回の投票を試みて八回は受理されている。

アクセス情報の保存期間や保存件数にもよるが、インターネット上でアクセスした個人を特定することがいかに難しいかをこの例は物語っている。別のコンピュータからアクセスしたり、他のサーバを経由するように細工すれば、重複投票を防止する機能を無効化することは容易で、「この手のネット上アンケートには必ず抜け穴があり、「2ちゃんねる」などの掲示板に入り浸っているネット技術の高い人々であれば、それくらいはお手のもの」[8]なのだそうである。私たちの最初の公開質問（A）でもその点は質したのだが、それに対して「朝生」側からは、重複投票について「一般に必要とされる対策は行っています。そもそも、インターネットによる投稿行動等において、厳密な「本人確認」は不可能だと認識しています。また、組織的な投稿の可能性については認識していますが、より多くの人が気軽に意見を投稿できるようにすることを重視している」との回答がもたらされた（B）。気軽に重複投票や組織的投票が可能なアンケートを集計して、いったいいかなる意見分布を反映しようとしたのであろうか。六月十七日の懇談では、そうした投票が「多数を占めるわけではなく、これまでの経験から多少の偏りはありつつも、ああした方法のウェブ・アンケートで視聴者の意見分布をある程度は知りうるとわかっており、それゆえ番組に活かせる」との考えが示されたが、そこで知りうる「視聴者の意見分布」とは、このイラク人質問題に関していえば次の『毎日新聞』の記事からうかがうことができるように、バッシング共鳴者の意見分布に偏っていたのではないだろうか。

第三に、こうしたずさんなアンケートの中間結果が外部に漏洩して公開されてしまったのも、それがアンケート調査の基本を逸脱したものであったことを示している。『毎日新聞』（二〇〇四年五月八日付）によると、テレビ朝日広報部から提供された情報として、ウェブ・アンケート開始直後の集計で約三〇〇〇件の回答があり、そのうち六割ほどがQ1に対して「バッシングは当然」と答えていたというのである(9)。上述のような技術的問題をもちながらもたらされた回答だから、回答総数であれ、Q1の回答分布であれ、信頼性の高い情報とは思われないのだが、調査中の情報管理もお粗末であった。

## バッシングの是非を問うことの意味

このようにさまざまな問題を私たちは指摘してきたのだが、そのなかで何よりも強く問題にしたのは、テレビ・メディアが不特定多数の者に問いを発することの意味であった。あるいは、何をどのように問うことが許されるのかということであった。

私たちは当初の公開質問で、「「人質とその家族に対するバッシング」は賛否を問う以前の人権侵害の問題で」あり、とくに「非難は当然である」という選択肢を設けること自体が、「個人の人権を侵害するバッシング行為に機会を提供する、あるまじき行為で」あるから、このような質問は直ちに中止すべきであるとの考えを示した（A）。

これに対して「朝生」側は、この指摘には同意しかねるとしたうえで、以下のように述べた。すなわち、このアンケートがバッシングを助長した事実はないし、その意図もなかった。そもそも、このアンケートを始めた時点ですでにバッシングは大きな社会問題となっており、「朝生」はこうした状況で五人の人質をとりまく問題について冷静に考え、ことの本質は何かについて国民に広く意見を求め、論じる場を提供することがメディアの当然行なうべきことと考えて、番組の企画を決め、その一環としてアンケートを始めたのであると、反論した。「バッシングは既になされていたから、その是非を広く視聴者に問うたのだ」と、意図を正当化しようとしたのである。

しかし、現にこの世の中に起きていることについてなら、何をどのように質問しても差し支えなく、それは報道や言論の自由の問題だと言いうるだろうか。たとえば、現に殺人事件（あるいは公約無視や公金横領）が頻発しているのだから、「殺人（あるいは公約無視や公金横領）は是か非か」という問いをテレビが発することが許されるだろうか。そこには、バッシングが既になされているという「現状」へ擦り寄る姿勢はあるが、譲ってはならない規範や倫理への配慮は感じられない。私たちの最後の見解（F）は、この点について次のように主張した。

テレビメディアが、いかなる規範や倫理からも中立・自由に、何でも広く問い掛けることができるのだとしたら、それは恐ろしいことです。メディアの不偏不党原則とはそういうことではないはずです。なぜ恐ろしいかといえば、是非を問うということは、是という答えもありうることを問う側が予定しているがゆえに、問われた側やその問いに接した者に、「バッシングは（あるいは殺人は、公約無視は、公金横領は）ありなんだ」と思わせる効果をもつからです。テレビ局が規範や倫理への配慮を欠くことによって、規範や倫理はすり減らされていくのです。

同等の個人間でなら、そうした問いはさほど大きな問題を引き起こさないだろう。そうした問いに接した者は、その問い方から逆に、問う者を評価・判断できるし、問い方の問題性を直ちに投げ返すことができるからである。しかし、中学校で教師が生徒に、特定の殺人事件の是非についてアンケートをとり、「殺されて当然だ」という選択肢を設けることは明らかに不適切であるし、テレビが同じことをしたら、無責任なふるまいと言わざるをえないだろう。こうした問いに接して、誰もが「殺人は当然だ」と考えるわけではないにせよ、「やはり、あの殺人は当然だったのだ」と思う人を確実に発生させる——より正確にいうなら、ある殺人行為やバッシング行為に対して容認的な曖昧模糊とした想念をもつ者に、その是非を問い、「当然だ」という選択肢を提示することによって、「やはり、当然という考え方もあったのだ」という思考を明瞭に固定化させる――効果をもつから、バッシングを助長することになるのである。

問いと提示された選択肢の組合わせが、答える者をさまざまな方向へ誘導するということは、調査論の基本的な注意事項であるが、「朝生」のイラク人質事件に関するウェブ・アンケートは、その基本をおよそわきまえずになされた、きわめて無責任で危険な性格の問いであったのだ。

## むすびにかえて

メディア・バッシングは戦略爆撃と似ている。攻撃する者は遠く隔たったところから、自らの姿を見せずに攻撃し、用が済んだらどこかへ逃げ去ることができる。攻撃された者にとって反撃は決して容易ではない。かつての一対一の果し合いには斬るか斬られるかの緊張感があったのだとするなら、メディア・バッシングや戦略爆撃の攻撃側にはある種の気楽さ、イージーな気分がつきまとう。どちらも、嫌がらせ電話や盗聴・盗撮などに似て、現代（二十・二十一世紀）の陰湿な面を代表している。

メディア・バッシングが陰湿な人権侵害だからといって、それが発生するたびに、官憲が出動して権力的に処断すれば、ことが片づくというわけではない。そうした権力的統制は、報道・言論の自由の消滅につながるであろう。まずはマスメディアは、その倫理と責任の問題として、バッシングの発生を自ら防止しなければなるまい。

　政治家を育てるのが国民なら、マスメディアを育てるのは受け手・読み手・視聴者である。政治家に投票するのも、マスメディアを成立させているのも国民だから、政治家やマスメディアの質は根本的なところでは国民に依存している。メディア・バッシングが何かの拍子に、商業マスメディア上にはびこるのは、受け手の側にそれを求める要素があるからでもある。つまり、問題はマスメディアのなかだけに閉じているのではなく、私たちの社会の問題であり、醍醐聰氏が論じたように、自己責任論の深層にあった「世間」の問題でもあるのだ[10]。

　バッシングのように大きな過ちを犯す恐れのある巨大な力をもったメディアが正常な機能を発揮できるように軌道修正させるのは、受け手の役割だが、受け手の側もバッシングを喜ぶような品性を改めなければならないし、しかも、他方で、メディアの無責任と受け手の品性を突いて公権力が報道を統制しこれに介入してもいいのだという論調がまかりとおることも防止しなければならない。三重の決して軽くはない課題を、私たちは抱えているのだ。

**注**

（1）細野正文氏の遭難とその後の経験については、古川隆久「「タイタニック」号の日本人」（大口勇次郎ほか編『日本史史話3　近代・現代』山川出版社、一九九四年）、秦郁彦編『日本近現代人物履歴事典』（東京大学出版会、二〇〇二年)、Margaret Mehl, "The Last of the Last': How Masabumi Hosono's Night was Forgotten" (2003, *Encyclopedia Titanica*, www.encyclopedia-titanica.org) を参照した。

(2) この事件については島田荘司『三浦和義事件』(角川書店、一九九七年)が参考になる。

(3) 本多勝一『冒険と日本人』(集英社文庫、一九八二年)が参考になる。

(4) この点については、西森豊「インターネット掲示板におけるイラク人質事件の投稿分析―― Yahoo! 掲示板の場合」(http://www.kinokopress.com/shiryo/iraq.pdf、二〇〇四年十二月十二日)の優れた分析がたいへん参考になった。

(5) この会の活動のあらましについては、「イラクで人質になった方々への敬意表明と激励の緊急アピール」http://www.ac-net.org/honor/ を参照していただきたい。また、緊急アピール(二〇〇四年四月二十五日)のほかに、集会報告、署名・寄付状況、署名者から寄せられたメッセージ、政府への質問書、『週刊新潮』の記事についての見解、その他関連文書を閲覧することができる。

(6) 「これでいいのかテレ朝:『朝まで生テレビ!』データ数値と角度の怪!」(http://www.geocities.co.jp/WallStreet/2854/)。

(7) 田中伸一郎「イラク情勢とメディア情報」(http://www.jca.apc.org/wsf_support/messages/1882.html)。

(8) 前掲サイト。

(9) その後六月十七日の懇談において「朝生」側からは、広報部が情報を提供したのではなく、『毎日』記者が他の何らかの方法で情報を入手し、番組側に断りなく報じたのであるとの弁明がなされた。

(10) 醍醐聰「自己責任論の深層にあったもの」『季刊 軍縮地球市民』創刊号、二〇〇五年六月。

# 「自己責任」とは何だったのか
## ――民主国家における政府と個人の責任

八木紀一郎

### 異様な自己責任論

「自己責任」というのは、本来は倫理や法律にかかわる冷静な議論をするにふさわしい用語である。しかし、二〇〇四年の四月から五月にかけてイラク人質事件をめぐって用いられたときはそうではなかった。人質となった三人とその家族は、「自己責任の原則」をわきまえていないと諭され、一部のメディアや与党の政治家によって、政府が救出にかけた莫大な費用を負担する義務があると脅された。リベラルな民主主義国家の市民は、政府と異なる見解をもつ自由があるはずなのに、自衛隊の派遣に反対しているから「反日分子」であると息巻く国会議員が現われるかと思えば、ジャーナリストやボランティアにも資格制度が必要であるとか、危険地域に行きたがる国民には旅券の発給を停止すべきだとおおまじめに論じられた。それまで若者が国際的な平和活動に貢献するようにと政府もマスコミも一緒になって訴えてきたのが嘘であったかのような異様さであった。

政府はもちろん国民を救出する義務がないとは言わなかった。また、「自己責任」をかかげて人質と家族の言動を批判していたメディアも、そうしたバッシングが国際社会で不評であることを知って論調を和らげるようになった。五月末に橋田信介さんと小川功太郎さんが銃撃によって亡くなったときには、「自己責任」という語は用いられなかった。しかし、「自己責任」ということばが、問題を「国家責任」と切り離すために用いられた後遺症は残った。国内で平穏に暮らしている日本人は、日本がどのようにかかわっている地域であれ、政府の指示もなしに遠い戦乱の地域まで出かけた人間の不幸は「自業自得」であるとする理屈を学んだ。政府は自己責任論によって危機を乗り切ることができたかもしれないが、リベラルな民主主義のもとで生まれるべき国民の連帯心は、それによってかなりの程度損なわれたのではないだろうか。

十月末に香田証生さんが拘束・殺害されたときの、一般の日本人のおどろくべき冷淡さが私には気になる。武装グループによって拘束された香田証生さんは、ビデオの映像のなかで「すみませんでした。また日本に戻りたいです」と謝りながら訴えていた。きっと「自己責任」の一語が念頭にあったのだろう。痛ましい光景であった。

## 私のかかわり

二〇〇四年の自己責任論を考察する前に、私自身がこの事件に対してどのような態度をとったかを説明しておこう。

四月八日夕のニュースで、三人が拘束され自衛隊を撤退させなければ殺害するという声明が出されていると知ると、私はまずインターネットで情報を収集し、それが虚報でないことを確かめた。私は、九日の午前一時に首相官邸と外務省のホームページに書きこみを行ない、首相が早急に記者会見して、人質の解放と日本のイラク政策についての説明を行なうようにと提言した。重要なことは、交渉に応じるにせよ応じないにせよ、首相が見解の異なる国民をも包括する民主的国家の代表として現われ、自国の政策を説明するとともに、国民の生命に責任をもつことを明らかにすることであると考えたからである。私は、イラクへの自衛隊派遣には反対であったが、この提言ではそれは書かなかった。十分な政策的検討のもとで撤退を行なうのはいいが、人質解放との引き換えとしてそれを行なうべきではないと考えたからである。

「イラク復興支援方針の再考を求める」

日本人三人の人質という痛ましい事件がおきている。人道的復興支援のための自衛隊派遣という政府の名目自体が二律背反をきたしている。この背後には、米国のイラクの軍事的制圧という方針に対する明確な自立的態度を示さずに自衛隊を派遣したという根本問題がある。首相は明日早朝にでも、日本政府はアメリカとその軍事的同盟者の主導下での再建ではなく、アラブ世界をも含めた国際機関（国連）のもとで、公正さと相互理解をはかりながら自主的かつ民主的な国家再建と民生復興を援助するという方針を明らかにして、三人の解放を要求すべきである。首相が心配すべきなのは、自分が命令してイラクに派遣した自衛隊の隊員だけではない。自らの意思で、イラクで人道的目的・民生支援のために働いているすべての日本人を大事にすることこそ、首相の倫理的責務である。

八木紀一郎　滋賀県　五七歳　大学教員

これに対して、三日後（四月十二日午後一時）に以下のような定型的な返信が「内閣官房」からあった。外務省からの返事はなかった。

小泉総理大臣あてにメールをお送りいただきありがとうございました。いただいたご意見等は、今後の政策立案や執務上の参考とさせていただきます。皆様から非常にたくさんのメールをいただいておりますが、内閣官房の職員がご意見等を整理し、総理大臣に報告します。あわせて外務省、内閣官房安全保障危機管理担当、防衛庁へも送付します。今後とも、メールを送信される場合は官邸ホームページの「ご意見募集」からお願いします。

内閣官房　官邸メール担当

小泉首相は、私の期待したような行動をとらなかった。政府としての対応を官房長官にまかせ、武装グループに対してメッセージを発する役は川口外務大臣に割り当てた。自分自身は、記者会見で自衛隊派遣の方針を擁護し、「テロリストの卑劣な脅しに乗ってはいけない」と語るだけであった。私は、それをみて、政府は三人の「見殺し」もやむなしという態度をとっていると考えた。

高遠さんたちのこれまでの活動がわかってくると、私は彼女たちの活動と善意をイラクの人たちに伝えることが最も有効な救出法だというインターネットの世界での意見に賛同するようになった。外務省やマス・メディアの報道よりも、イラクをはじめとした中東地域でのNGOのネットワークを背景にしたパリ在住のコーリン・コバヤシさんたちが発信するメールが信頼に値するように思われた。他方で、国内での人質解放の運動が「自衛隊撤退」の要求と連動していくことに、懸念を感じていた。それは、国民の共感を既存の政治対立に還元してしまいかねないと思ったからである。といっても、私自身、数日後に政府に対する「自衛隊撤退」の要求も含む街頭署名に応じている。それは、日本での署名運動の高揚が犯人グループの認識を改めさせて三人の解放に結びつく可能性があるかもしれないと思ったからである。

私が自己責任論とかかわったのは、三人が解放されたあとになってである。一人の解放に一億円は支払っているはずだとか、総額で三十億円にはなるはずだという噂話が週刊誌で流されはじめ、自己責任論が、救出に要した経費を負担させようという議論に発展した段階である。私は、旧知の醍醐聰さんを中心とした東京大学のグループがそれに抗議する運動を開始したということを聞いて、加勢を申し出た。地理的にいって関西在住の人間が加わった方がいいだろうと考えたからである。醍醐さんから世話人に加わって欲しいと要望され、承諾した。醍醐さんたちは、経費が請求されることをみこして募金活動にも乗り出したが、当初は消極的であった私も、結局これにも加わった。当初は消極的であったというのは、私は三人や家族を税金泥棒とみなしたり、あるいは巨額の金額をちらつかせて威圧したりする動きがあったことに憤慨したものの、合理的根拠があれば、本人や家族の渡航費などを政府が請求すること自体には反対ではなかったからである。しかし、予想外の事態にまきこまれた本人および家族にとっては、大きな経済負担になるであろうから、なんらかの救援ファンドがない状況のもとでは、精神的支援を経済的支援に結びつける募金も有意義であろう。結果としては、外務省の経費請求も非常識なものにならず、募金の方も適当な額になり、趣旨に応じて用いることができたのは幸いなことであった。

この「サポートする会」にかかわっているなかで、『朝日新聞』の五月十五日付朝刊be欄に掲載された山形浩生さんの文章（「自由には必ず責任伴う」）が話題になったことがある。私もそれを読んでひどいと思ったので、この文章への反論を書いて、五月の末に『朝日新聞』の「声」欄に投稿したが採用されなかった。後になって考えてみると、「視点」欄に投稿した方が良かったかもしれない。しかし、自己責任論争を再開するに適当な時期であったとも思われないので、「視点」欄に送り先をかえてもおそらく採用されなかったであろう。

「山形浩生さん「自由には必ず責任伴う」に異議あり」

朝日新聞五月一五日朝刊be欄に掲載された山形浩生さんの文章（「自由には必ず責任伴う」）

に疑問を感じました。

山形さんは、民主主義のもとでは、政府と個人、NGOやジャーナリズムなどの間につねに見解の相違や競合・対立が起きうることを無視しているように思えます。イラクでの平和と復興に向けて政府がAという政策をとっているからこそ、それが現実に合致したものかどうかを知ろうとするジャーナリストや、Bという別の方法もあることを示そうとする活動家たちも現われます。そうした人たちの存在を認めることが、議論のもともとの前提でしょう。

この前提をふまえていないため、山形さんは「自己責任」をすべて「人質」とされた人たちの個人的行動に帰しています。しかも山形さんは、この人たちは「自己責任」を「否定」したばかりか「無責任」まで主張したとみなしています。しかし、ここでいう「自己責任」とは何でしょうか。四月中旬以来の議論の経過を思い出せばわかるように、「自己責任」というのは、政府・与党が「人質」問題を外交にかかわる「政府責任」にかかわらせないために持ち出した言辞でした。「人質」解放の見込みが立つと、「自己責任」論は、政府がそのために要した経費を請求すべきだという議論になりました。巨額の税金が救出のために用いられたという未確認情報が流され、「人質」とその「勝手な」行動を許した家族をバッシングする雰囲気が生みだされました。いわゆる「自己責任」論は、こうした経過のなかで生まれた曖昧な議論で、それを「人質」たちが理解できなかったからといって、個人としての「自己責任」を否定したことにはなりません。

山形さんの議論の核心は、国家と個人には「役割分担」があり、政府は社会的な資金の管理者であるというものです。有限な社会的資金を真に有用なことに用いるために、「自己努力」なしに社会的資金を「浪費したがる個人」には、資金の提供を拒絶するか「目減り分の一部負担を求める」べきだと言われます。このような議論が成立するためには、「自己努力」が有効である環境にあるだけでなく、何が「真に有用」であり、何が「浪費」であるかについての合意が存在しなければなりません。しかし、占領下イラクのような状況では「自己努力」に限界があることは明らかですし、またイラクの復興支援において何が「有用」で何が「浪費」であるかについて日本の国論は分裂しています。しかも、政府は社会的資金を支出している当事者です。政府を社会的資金の排他的な管理者とするならば、政府の管轄下にない人々、たとえばフリーのジャーナリスト、NGO、報道機関はすべて政府の判断次第で「浪費者」と解され、問題が起きるたびに恣意的な「負担」を要求されることになるでしょう。政府に公正な管理者としての役割を果たさせるためにこそ、国会での審議や批判的な言論が尊重されなければならないのです。

山形さんは、「人質」五人の活動についてその価値を全面否定しています。しかし、私たちは、判断においてより謙虚であるべきです。五人のボランティア活動や取材活動に対して高い評価をしない人でも、このような人格攻撃は不快と感じるでしょう。高遠さんのストリートチルドレンの支援は、組織的ではなかったかもしれませんが、子供たちに十分感謝されていました。安全なところで情報さえ集めれば本は書けるはずだとか、現地に行こうとすることは「功名争い」だと決め付けるのは、間違いだと思います。五人の活動は、「イラクの人々への直接的貢献」としては限界があるかもしれませんが、イラクで起きていること、イラクに住んでいる人々を日本人に理解させる点で大きな貢献をしているのではないでしょうか。

### 自己責任論の成立と発展

いまになってふりかえると、この事件の発生直後から人質解放に至るまで、小泉首相が主役となることを拒否したことが、自己責任論も含めて、その後のすべての議論を方向づけたと考えられる。当初は小泉首相が自ら「アル・ジャジーラ」に登場して人質解放を訴えることも考えられたようだが、その役は川口外務大臣に割り当てられた（それも結局、実現しなかった）。内閣に対策本部が設けられたが、その本部長は首相ではなく福田官房長官（当時）であった。内閣の長である首相がこの問題に直接かかわるならば、人質問題の解決の成否が内閣の存続に直結することになると考えたのであろう。小泉政権を支持する人たちは、政府がこの問題で交渉を拒否し、「ぶれない」態度を堅持したと称賛している。しかし、交渉に応じるにせよ、拒否するにせよ、小泉首相は、はじめから当事者となることを回避していたのである。

意識的にか無意識的にか、小泉首相は、人質事件が日本に伝えられた四月八日の夕かその翌朝に、この事件を国政にかかわる問題と切り離すという決断をしたものと考えられる。日本人の拘束は、サマーワへの自衛隊派遣をも含む米国のイラク占領政策への協力という政策によって起きた事件であるが、首相はこの人質事件に関して政府の責任を明言したことはない。対照的に、政府が国際社会で（とくに米国に対して）約束した政策を履行することの「責任」は強調された。国民の生命・財産が政府のとる政策によって危険にさらされるとすれば、政府はなんらかの形で責任を負っているはずである。それは、一般的な「国民保護」の責務とは次元の違う「政治責任」の問題である。しかし、小泉政府は、そうした責任を負うことを認めなかった。これが問題の根幹であると思われる。国民の生命の保護が一国の首相によって主要責任と認められない場合、それはどこに行くのであろうか。行くところは当事者たちの「自己責任」にしかなかったのである。

といっても、政府はこうした「責任」問題に関して、はじめから明確な見解をもっていたようには見えない。また、政府・外務省が現実にとった行動も、自己責任論の帰結とは異なっていた。自己責任論をあみだしたのは、政府の窮状をみてとった『産経新聞』『読売新聞』であり、政府・与党が後からそれを自己防衛の理屈として採用したのではないかと思われる。

大手新聞で「自己責任」という語を最初に使ったのは『産経新聞』である。『産経』はこの語がよほど気に入ったとみえ、人質問題が解決した四月の下旬になっても、それを社説で再三とりあげている。販売部数は『読売』が『産経』にまさっているが、フジテレビや雑誌『正論』も合わせるとフジ産経のメディア・グループの影響力は『読売』グループにもおさおさ劣るものではないだろう。

四月十日の『産経』朝刊は、一面右下の読みやすい位置にあるコラム「産経抄」で、人質になった日本人三人の「無謀かつ軽率な行動」を「自己責任の原則」によって責めたてる先陣を切った。

〝いわぬこっちゃない〟とは、本来、人質になった三人の日本人に対していわねばならぬ言葉だ。……外務省は再三、最高危険度の「退避勧告」を行ってきたのである。

確かに、国家には国民の生命・財産を保護する責務はある。しかしここでは「自己責任の原則」がとられるべきだ。危険地帯に自らの意志で赴くジャーナリストには、それなりの覚悟が、またNGO（非政府組織）の活動家らにもそれぞれの信念があったはずだからである。

その翌日十一日には、評論家上坂冬子を「正論」欄に登場させて、個人の行動と国家の責任は次元が異なるという議論を登場させる。彼女は、人質の母親の一人が、「もし、日本政府がわが子の命を守りきれなかったとしたら、何が人道支援だ」と発言していたとして、「国家と個人を同一の次元でいっしょに論じるという、この単純な混同ぶりが蔓延しているのが嘆かわしい」と憤慨する。

そもそも日本の外務省としては、一般国民が現下のイラクに不要不急な渡航をせぬよう警告をしているはずである。つまり入国した人々は、それなりの使命と自覚をもつ人々だから、いわゆる一般国民とは立場が違う。私の知る限り、人質になった三人の方々は、特定の組織から命令を受けたものでもなく、あくまで個人として自発的に入国したものと思われる。つまり責任はあくまで個人にあり、国家の方針として派遣されている自衛隊とは無関係な存在だ。

万全の対策を講じた結果、最終的に三人を守り切れなかったとしても、それは彼らの意思がもたらしたもので、国家の責任とはいえまい。

国家体制と無関係に、個人の意思で活動した者の最終責任は、個人にあることを私としては断言しておきたい。

十二日は休刊日であったが、いったん伝えられた人質解放の動きが頓挫した日であった。外務省の竹内行夫事務次官は、「邦人保護には限界がある。自己責任の原則を自覚していただきたい」と釘をさした。人質問題が膠着して、自衛隊派遣問題に発展することをおそれる政府が、自己責任論にとびついたのである。三人が解放されずに死亡したとしても、外務省が危険地帯として退去勧告を繰り返している地域に渡航するという無謀な行動の結果である。政府は、むしろ、そうした行動によって余計な活動と経費の負担を強いられる被害者である。人質事件を個人の次元に封じ込める自己責任論は、政府にとっては責任を回避するための防衛の武器であった。

十三日になると、自己責任論は、家族の言動や自衛隊撤退論者を攻撃するための武器に発展した。『産経』「産経抄」は、人質家族が自衛隊撤退も選択肢として考慮してほしいと要望したことに対して、「「個」がとるべき自己責任をそっちのけにし、「公」が下した政治的決断をひっくり返そうとしたらどういうことになるか」(「産経抄」)と論じて、人質家族には「自覚も反省もない」と攻撃した。歩調を合わせて『読売』はその「社説」で「自己責任の自覚を欠いた、無謀かつ無責任な行動が、政府と関係機関などに、大きな無用の負担をかけている。深刻に反省すべき問題である」と非難した。

三人の人質解放問題と、日本のイラク政策は、峻別する必要がある。人質解放問題によって、日本の国益にかかわる重要な政策が損なわれるような事態は避けなければならない。

人質の家族の言動にも、いささか疑問がある。記者会見で、公然と自衛隊の撤退を求めていることだ。

三人は事件に巻き込まれたのではなく、自ら危険な地域に飛び込み、今回の事件を招いたのである。

こうした保守二紙の後押しによる批判のひろがりを前にして、家族たちは政府批判の口をつぐみ、政府機関や与党の政治家たちに「ご迷惑をかけて申し訳なかった」と陳謝してまわる立場に追いこまれた。

十四日『産経』朝刊の「主張」は、竹内行夫外務省事務次官が「自己責任原則」に言及したことを誇らしげに伝えている。

日本人三人の人質事件に関し、竹内が十二日の記者会見で自己責任原則の徹底を求めたのは当を得たものといえる。外務省から退避勧告が出される中、三人はそれを承知でイラク入りし、事件に巻き込まれてしまった。不幸なことではあるが、第一義的に自分たちの責任だということを忘れてはならない。

竹内氏は「日本の主権が及ばない所では保護にも限界がある。安全、生命の問題であり、自己責任の原則を改めて考えてほしい」と訴えた。国家と個人を問わず、危機管理の原則は、正確な情報と、冷静さと自制を伴った行動にあることを確認したい。

『産経』はこの社説で、個人と国家の関係にまで説き及んだ。

人質の家族からは、「自衛隊は早期撤退をしていただきたい」「三人の人権が大事なのか、国家が先なのか」「人の命と国のメンツ、いずれを優先しているのか、知りたい」など国を批判する言葉が発せられている。だが、こうした発言は、国家を国民との対極におき、国民を抑圧する「悪しき権力」と一方的に決め付けていないだろうか。

しかし、国家は自国民の生命や財産を守る責務を負い、そのために努力している存在である。日本政府も十分とはいえないだろうが、そうした努力を払っている。政府が、テロリストの脅迫には屈せず、自衛隊を撤退させないとの立場を堅持しているのも、国民を守る責務をわきまえているからだ。脅迫に屈すれば日本国民はいたる所でテロリストのターゲットとなり、際限のない譲歩を余儀なくされてしまう。

人質三人が解放されると、十六日に『読売』「社説」は「喜ばしいが教訓も少なくない」と題して、「政府の「退避勧告」という制止を振り切って、危険を覚悟で出かける以上、万が一の時には政府が助けてくれる、と安易に考えるべきではない。政府が「自己責任の原則」の自覚を求めているのは当然のことである」と論じた。『産経』「主張」はもっとあけすけに、「人質解放予告が一時出された十一日未明の「家族の声明」には、「世界中の仲間に対して心からの感謝をささげます」とあったが、日本政府の努力に対する感謝の言葉はなかった」、「三人の行動は外務省の再三の退避勧告を無視したものであれば、本来自己責任が問われるべきだが、政府や社会に迷惑をかけたことへ陳謝の言葉も最初はほとんど聞かれなかった」と家族たちを難じた。

今回確認された原則、得られた教訓を忘れてはならない。それは、日本政府はもはや人質犯の要求には応じないという原則であり、国民が政府の勧告を無視して行動する場合は、自己責任を負わなければならないということだ。

解放された三人は、帰国後、各メディアに多く登場することだろうが、こうした責任の自覚としかるべき感謝の表明なしに政治的主張を続ければ、国民の反応は冷ややかなものとなろう。

『産経』は、人質解放後も「自己責任」を論じつづけ、経費負担論にまで発展させた。

まだ事態は決して一見落着となってはいない。たとえば人質救出にあたっては、宗教指導者や各部族の長老やさまざまな情報筋などへ、いろいろな形の協力費や謝礼金を払っているに違いない。特別機のチャーター代など多大な救出費用もかかっている。

それらすべてを国民の税金でまかなっては納税者は納得しないだろう。山岳遭難と同じく自己責任のはずだからだ。そのほか目に見えない形で政府関係者の血のにじむ労苦もあったろう。しかし三人とその家族から、国家に対する感謝の言葉はついに聞かれなかった。

それどころか三人は「これからもイラクで活動したい」とか「撮るのが仕事なんだよ、おれは」などと語っている。自分勝手もいい加減にしてもらいたい。これ以上わがままを通すなら「何があってもお国に助けを求めない」の一札を入れよ。（四月十七日朝刊「産経抄」）

救出にかかったとされる莫大な金額が、解放された人質とその関係者の言動を封じるために持ち出された。

今回人質になった五人はいずれもイラクへの自衛隊派遣に反対だったと伝えられている。日本では、思想、信条は自由であり、表現、言論の自由も憲法で保障されている。しかし、今回の人質事件を利用するかたちで自衛隊派遣反対の政治的主張をするのはフェアではない。今回の事件解決のため政府が使った費用は二〇億円ともいわれる。莫大な税金が、反米、政府批判の政治的主張に利用されることは許されることではない。（『産経新聞』四月十八日朝刊「主張」）

『読売』も、与党の一部にもりあがった、危険地帯渡航者の旅券発給を停止するなどの措置を戒めながら「自己責任の原則」を確認した十九日の「社説」で、事件の「政治利用」を警戒するとともに、救出費用の「一部負担」を「検討に値する」とした。

政府・与党内には、救出費用の一部の負担を本人に求めるべきだという議論もある。これは検討に値する。独善的なボランティアなどの無謀な行動に対する抑止効果はあるかもしれない。

『産経』がその自己責任論を自画自賛して矛をおさめるのは、四月の下旬になってからである。まず四月二十三日の「産経抄」では、「「自己責任」に対する反論」は、政府が出していた「退避勧告」を無視したことと、政府に対して批判的であったことで退けられると言う。

退避勧告を無視して行動する人は、国としても面倒見切れません、自分が責任をとって下さいよ、というのも仕方がない。いやむしろ当然ではないか。

二つは、人質の多くは反戦活動家といわれている人で、日ごろは国家や政府を否定し批判している。その人たちが、いざ困った時は国家が自分を助けろというのは少々虫が良過ぎはしまいか。だが、家族は「個」の責任をそっちのけにして「公」の政策変更を声高に要求した。さらに、「世論」と「国民のごく普通の感覚」が自分の側にあるという。

それに対し違和感や嫌悪感をおぼえたのが世論なのである。〝被害者たたき〟でも何でもない。国民のごく普通の感覚であり、気持ちなのだった。

家族は後になって「感謝とおわび」に転じたが、初めからそうしていれば世論も横を向いたりしなかったろう。繰り返すが、国民の一人一人が自分の行動に責任を持つべきことは普通のこと。何に限らず、「自己責任」の自覚を促すのは当然なことである。

四月二十五日「主張」欄の「自己責任・自由だからこそ問われる」では、自己責任論の発展した経緯をふりかえりながら、その意義を総括している。

この問題を最初にとりあげた識者はノンフィクション作家の上坂冬子さんだ。人質が解放される前の十一日付本紙「正論」欄で「人命のために相手の要望通り自衛隊を引き揚げるべきだ」という意見に対し、「責任はあくまで個人にあり、国家の方針で派遣された自衛隊とは無関係だ」とし、国家と個人を同じ次元で論じることの非を指摘した。その後、竹内行夫外務事務次官らも被害者の自己責任に言及し、政府・与党内にも「かかった費用の一部を負担させよ」「渡航制限をもっと厳しくすべきだ」といった声があがった。これに対し一部民放は、それが被害者や家族を追いつめていると非難し、「被害者たたき」と批判した新聞もある。

しかし、被害者らは外務省の再三の退避勧告を承知の上で、国の指示でなく、個人の自由意思でイラクに入ったのである。その最終責任は当然、個人が負うべきだろう。それが自己責任の原則だ。何の落ち度もなく、日本の領土に不法侵入した北朝鮮工作員に拉致された被害者とは、事情が違う。

当初、家族の一部に、自己責任を棚に上げ、政府批判と自衛隊の早期撤退を求める発言があった。しかし、その後、家族は反省し、政府と国民に迷惑と心配をかけたことを謝っている。反省していないのは、家族の当初の発言を利用し、自衛隊撤退論に結びつけようとした一部マスコミである。

どんな崇高な目的であれ、自分の判断でイラク入りを選択した以上、責任は自分にあるのだ。もちろん、そうであっても、国には邦人保護の義務がある。今回、政府が被害者救出に全力を尽くしたことは評価されるべきだ。

　自己責任は、一般社会でもしばしば遭遇する問題である。山岳遭難で民間救助隊が出動した場合、その費用は遭難者側が負担する。自由な選択が保障された国だからこそ、それに伴う自己責任が求められるのである。

『産経』の場合、最後のターゲットは『朝日』などの「一部マスコミ」であった。

**民主的国家における政治責任**

　結局、自己責任論で何が問題だったのであろうか。

　私はまず、精神論あるいは道徳論と国家の政策および行政にかかわる制度論を区別しなければならないと思う。国家の関与しない個人どうしの関係にかかわる精神論、道徳論としていえば、自分の意思決定によって他者に迷惑をかけない、かけた場合には可能なかぎり補償を行なうというのは、それ自体として尊重されるべき信条であって私もそれに異論はない。しかし、すべての人が対等な行為者ではないから、こうした精神論だけでは人々の生活と社会秩序は守ることができない。私人とは違った「公共」の原理に立つなんらかの組織が必要となり、その活動を支える金銭的基礎（財政）も必要となる。現在では、公正な法と民主主義的な議会制度を備え、自由な言論と情報の公開によって規制される（はずの）権力である国家がその役割を担っている。まず確認しなければならないのは、今回問題になっていたのは、こうした民主的国家における個人の「自己責任」であって、それは制度論に属する領域の問題であったということである。

こうした制度論の領域においても、その存在の正統性を国民の意思に求める民主的国家が、国民の生命・財産を保護する一般的な責務を負っていることについて意見の対立はない。今回の場合でも、「これ以上わがままを通すなら「何があってもお国に助けを求めない」の一札を入れよ」（『産経』四月十七日）というようなヒステリックな声もあがったが、大きな政党や報道機関がこうした国家の一般的な責務まで否定したことは無かった。しかし、政府にはこうした一般的責任のほかに、政府がとる特定の政策によって生命・財産の危険にさらされる国民（あるいは国籍を問わない人々）に関しても責任がある。これは、政府の命令でイラクに派遣される自衛隊の隊員の安全にかかわる直接の責任（指揮責任）とは異なって、中立にせよ、反対にせよ、政府から独立して行動している人々にとっての危険に対してもあてはまる。これが、ふつう「政治責任」といわれているものである。今回の議論でも、争われていたのは、自衛隊のイラク派遣という政策をとっている政府に、この事件についての政治的責任があるかどうかという問題であった。

私が今回の自己責任論が間違いだと思うのは、それがこの政府の政治責任を免除する議論であるからである。それは現実の日本がそうであるような民主的国家の制度とも背反していて、政府の実際の行動とも合致しない議論である。このイラク人質事件の場合にも、政府は国民の生命を保護する一般的な責務を否定しなかっただけでなく、政府内に「対策本部」を設置した。これは自己責任論とは異なった行動である。しかし、それでいて「自己責任の原則」を口にし、また、そうした議論が一般に広まるように仕向けた。結局、政府は「自己責任」ということばによって、人質事件によって呼び起こされた国民の関心を、イラク政策の全体を検証するという課題から人質および家族の言動に逸らし、問題を政府の政治責任にかかわらない領域に閉じ込めることに成功した。自己責任論は、それが制度にかかわらないかぎり、現実をカムフラージュする精神論にすぎない。しかし、世論の誘導の道具ということに加えて、たとえば「退避勧告」の強制力や「費用負担」の範囲のように、制度の運用に影響を及ぼす可能性もある。

私が「政府の政治責任」というのは、辞任しろとか、政策を変更しろ、とかいうことではない。自らの政策の生みだした直接・間接の結果を総体として承認する廉直さのことである。この事件は、政府が自衛隊のサマーワへの派遣も含めて、米国のイラク政策に全面的に協力することに伴って起きた事件であり、自己責任論者が好んで例にとった雪山での遭難などとはまったく違った種類の事柄であった。

政府が自衛隊をイラクに派遣することによって、現地で活動する日本人のボランティアやジャーナリストに危険が生じることは、事件の起きる前から警告されていた。そのような事態が起きたにもかかわらず、首相は拘束された三人に対してもその家族に対しても、政府に責任があることを認めなかった。首相が一貫して表明しつづけたのは「テロには屈しない」という決意だけであった。

この事件が起きる以前に作成された『外交青書』では、「テロに屈することなくイラクの復興支援に取り組む」ことが強調されている。おそらく、このような事件が起きても交渉に応じないという基本方針がすでに存在していたのであろう。しかし、再度くりかえすことになるが、「テロに屈さない」「交渉に応じない」ということと「政府の責任を認めない」ことは同じではない。首相は、特定の政策を遂行している政府の長であると同時に、それに反対する意見をもつ人も含めた日本の国民の代表でもある。それが民主主義国家というものである。

問題は、日本政府が自衛隊派遣という政策をとり、武装グループがそれを理由として日本人を拘束し、自衛隊を撤退させなければ殺害すると脅迫した場合の政府の責任であった。たしかに日本政府が自衛隊派遣という政策をとっていなかったとすれば、この人質事件は起こらなかったであろう。その意味では、この事件に対する政府の「政治責任」は、自明のことのように思える。しかし、「自己責任」論者は、被害者たちが政府のイラク政策に批判的な言動をしていて、また政府の「退避勧告」を無視したことをあげて、被害者自身に「第一義的責任」があると主張している。だが、いうまでもないことだが、政府に批判的な言動をした人については政府の責任がないとするのは言論の自由を保障する民主国家としては許されないことである。また、法的な拘束力のない「退避勧告」に従わなかったことについても同様である。

ここでは個人的な意思決定の次元と政治的な意思決定の集合的な次元が区別されなければならない。たしかに、「退避勧告」に従わなかったとか、政府のイラク政策を批判したなどのことは、個人的な次元の問題である。それに対して、政治的な次元で問題になるのは、政府から独立してボランティア活動をしている人とか、報道写真家であるとか、ビジネスマンであるとか、好奇心をもった旅行者、あるいは日本国籍を有するもの等々といった集合的な存在である。したがって、政府にとって問題となる個人は、そうした背後にある集合的な存在を代表する個人であって、単なる一人の個人ではないのである。「退避勧告」は彼らの個人的な選択に対するアドバイスにはなるだろうが、救援活動を必要とし、報道すべき事態が起きているかぎり、イラクに入国して活動する人々の集団をなくすことはできない。また、政府・与党の想定する範囲をこえて日本の国民の希望とニーズを考えるならば、政府の「勧告」に全員が従うことが望ましいとも思えない。

政府が米国全面支持の政策をとり、自衛隊をイラクに派遣したことでNGOのボランティア活動家やフリーの報道記者・写真家の危険が増加したことは、現実的な結果である。それは、イラクと日本の人々の相互理解にもとづいた非軍事的・協働的な民生復興を困難にした。これは、政府が責任を認めなければならない政策選択の帰結である。四月の人質事件のような個別の事件は、こうした現実的に存在する集合的な危険、したがって政府の「政治責任」を顕在化したにすぎない。

## 「新しい戦争」と小泉政権

事態を複雑かつ曖昧にしているのは、イラクの戦争は終わったはずであり、日本の自衛隊も平和的な人道復興支援のために派遣されているはずなのに、戦闘が続いているだけでなく、日本の自衛隊も参戦部隊のようにみなされているということである。

思考実験のために、もしA国とB国がB国を戦場として戦争を続けていて、日本はA国と同盟して参戦しているのだとしよう。その場合、ある日本人が政府の命令に反してその地域に入り、政府から独立してB国の人々を助けようとするか、B国の人々の目から戦争を報道しようとすれば、その人は明らかに日本政府の「国民保護」の責務から外れている。場合によっては、「反日分子」のレッテルを貼られるかもしれない。その人のB国との関係もまったく不安定である。国際赤十字などの国際的に承認を受けた援助組織の成員でないかぎり、その人が安全に活動できるかどうかは、周囲の人々の信頼と、日本にとっては敵国にあたるB国の意思に依存している。その人は、日本国籍をもつために敵国人として拘束されることがあるかもしれない。その人は、たとえば捕虜交換の対象とされるかもしれない。しかし、日本が参戦をとりやめないなら殺害すると言われるならば、それは国際法に反するであろう。

政府に従わない個人の「責任」についての自己責任論者の想定は、この参戦ケースの場合に近い。戦争が始まれば、いったん決定された国家の決定は、個人の運命とは別次元におかれるからである。しかし、戦争のすべての帰結が、開戦あるいは参戦を決定した政府の責任であることも明らかである。

自己責任論者は、警告の出ている雪山での遭難のようなケースを持ち出すことを好んでいる。そこでは、戦争ケースのような「政治責任」が出てこないからである。あるいは、日本がなんらの関与も行なっていない、治安の悪い地域での誘拐事件のようなものに例えたりする。こうした場合には、政府の「責任」は「退避勧告」を出すだけで免除されるかもしれない。

　現実のイラクの状況は、その中間というより、両者が入り混じっている状況といえるのではないだろうか。戦争は終わっているはずなのに戦闘が続き、正統性のある政府が存在していない。日本政府は、「参戦」というような明確な意思決定なしに、米国などの「有志連合」諸国のイラク開戦とその後の占領政策を支持し、二〇〇三年末に人道的復興援助の名のもとに自衛隊をサマーワに送った。政府にとって、イラクは戦争状態にはなく、自衛隊も戦闘のために送ったのではないから、戦争にともなう責任は無いはずである。しかし、サマーワにいる陸上自衛隊は地域の給水活動と建設活動を主としているにせよ、クウェートの航空自衛隊、インド洋の海上自衛隊の三者を含めた自衛隊は、明らかに米軍の戦闘活動を補完して配備されている。四月の人質事件は、駐留米軍がファルージャの武装勢力と軍事衝突をしている時期に、まさにその周辺で起きたのであった。武装勢力が米国と戦争をしているつもりであれば、日本が米国の同盟者とみなされることは確実である。

　米軍ほかの「有志連合」軍は、9・11事件を起こしたアルカイダと連繋があるとしてフセイン政権を倒したが、この嫌疑が事実ではなく、かえってその後になってアルカイダ系の組織がイラクで勢力を伸ばしたことは皮肉である。米軍は、国対国の戦争では赤子の手をねじるようにしてイラクに勝利したが、その後のイラクに生まれた「新しい戦争」に悩まされているのである。小泉首相のいくつかの政治決定をへて、日本はこの「反テロ戦争」とよばれる「新しい戦争」に参戦させられようとしている。これが、人質事件の背後にある最大の問題である。しかし、イラクには日本人や日本文化に対する好意や日本の経済力に対する期待も強く残っているといわれる。高遠さんのストリートチルドレン支援活動のようなボランティア活動も、それに対して貢献した。イラクの民衆のなかに、このような基盤がいまなお存在しているとすれば、日本政府には、軍事主導の米国とは異なるイラク復興の道を示す可能性が存在しているはずである。四月の五人の人質は解放されたが、十月に拘束された香田さんは殺害された。現在米軍・政府軍と軍事衝突をしていたり、人質作戦を行なっていたりしているグループのなかにも、アルカイダ系の組織とは異なって、平和的な国際的復興支援を待望している部分がないわけではないだろう。そのような可能性と対比して考えるならば、「新しい戦争」に日本と日本人をひきこみかねない小泉政府のイラク政策にともなう「政治責任」は重大であると言わざるをえない。

## 経費負担と責任

最後に、経費負担論について考察して、この論を閉じることにしたい。

まず前提として、政府の側から、その「責任」に連動する経費のあり方について考えよう。人質事件が起きた時に、政府が普通の個人では支弁不可能な額の経費を用いて救出活動を行なうことは許されるか。それは当然許されるし、また国家の責務である。それは、「国民の保護」という国家の一般的な責任だけからでも引き出されることだが、その事件が、特に政府の「政治責任」にかかわる事件である場合には、救出への真剣な取り組みの成否が「政治責任」に直結することになる。その理由は、政府が救出する個人は、単なる一人の人間ではなく、政府の正統性がそこに由来する国民の一員としての個人（集合的存在の代表的個人）であるからである。事件が政府の政策にかかわる「政治責任」にかかわって起きた場合には、政府は場合によっては、救出費用だけでなく、損害賠償にも応じなければならないかもしれない。しかし、救出の成否にかかわらず、問題の政策を維持することが「政治責任」をまっとうする方途である場合もあるだろう。

人質事件のような場合の「身代金」の支払いについては微妙である。それは、法治国家の原理を棚上げにする救出手段だからである。国内の金銭めあての脅迫誘拐事件の場合、いくら国民の生命が危険に曝されているといっても、政府が「身代金」を支払う「責任」はない。しかし、「政府」の政策にかかわる人質事件が現実に起きた場合には、人質の解放の成否は政府の「政治責任」の一部である。したがって、今回の場合のように、(A)犯人グループが要求した政治的要求をのむ、(B)「身代金」を払って人質を解放させる、(C)合法的な手段のみで救出に努力する、という選択肢のうちいずれを選択するかも、政府の「政治責任」のうちである。今回の場合でも、人質救出という課題の解決と「イラク政策」は、政府の「政治責任」のうちで切り離せない。

今度は経費の負担のあり方の問題である。

政府については、私は政府がなんらかの政策をとることでそうでない場合には起きえない事件が起こった場合、その経費を政府が負担するのは当然であると思う。それは政府の「政治責任」の一部であり、その経費が多額に過ぎる場合に責められるのは政府である。

それに対して個人についてはどうであろうか。個人がなんらかの意思決定を行なうことで、それを行なわない場合には起こらない事件に遭遇し、その解決に莫大な費用がかかったとすれば、その人はその全額を負担しなければならないのだろうか。自己責任論者は、個人はその意思決定に責任があるから、費用負担もしなければならないと言うだろう。たしかに、交通事故や雪山遭難のような場合には、そのような論理も成り立つ。

しかし、その事件が政府の政策にかかわって生じている場合には、この論理は成り立たない。既に指摘したように、「政治責任」にかかわる場合の個人は、関連する属性をもった集合的な人々を代表した存在であって、単なる一個人ではないからである。たしかに人質になった人たちがイラクに入国しなければ人質事件は起こらず、政府は経費を支出することはなかった。しかし、他の日本人が入国したかもしれないし、また現に入国して活動している日本人がいる。政府はその人たちにも「退避勧告」を出しているが、それらの人たちは危険をおかしても入国して行なうべきことが存在すると考えている。そして客観的にも、イラクの実態の理解、日本との相互理解、イラクの人々の人道支援、復興支援において、それらの人々の存在に総体としての日本が負っていることがあると私は考える。

四月の人質事件のときに問題になった救出費用は、このような集合的存在としての人々が負っているリスク、あるいは費用が顕在化したものであって、個人の入国の意思決定はそれが特定の人間に結びつけた要因にすぎない。そして、このリスクあるいは費用は、イラクへの自衛隊派遣という政府の決定によって生じていたものである。したがって、それは政府が政策決定をした際の潜在的費用として「政治責任」のうちにあらかじめカウントされるべきものであった。

もし、政府の「責任」がないならば、集合的存在にとってのリスクが個人にあらわれた経費は、保険という集合的原理によってまかなわれるのが適当であるかもしれない。ボランティアの人たちやフリーの報道記者や写真家にも頼れる保険があるといい。それがない場合には、その人たちの活動の意義を理解する人たちの寄金がその代用になるかもしれない。自己責任論が勢いを強めている段階で、私が「サポートする会」の寄金活動に加わったのは、そのように考えたからである。

もちろん、政府に「責任」がある場合でも、政府が人質になった個人に対して負担を求めてかまわない経費は存在する。帰国の費用や休養滞在の費用はそれに属するだろう。それは、事件に遭遇しなかった場合でも、当該の個人がなんらかの形でまかなわなければならなかった費用だからである。家族の費用については、それが救出活動の一環とみなされるかどうかで性質が変わるであろう。

最後に、国家の財政からの「浪費」を防止するために救出費用の一部を負担させる「自己責任の原則」が有用だという議論がある。これは『読売』が危険地域への渡航を抑制するために「検討に値する」とした提案であるが、『朝日』のbe欄でも山形浩生さんによって「公共のプール」の浪費防止策として論じられた。

たしかに、負担が明言され費用が意識されるならば安易な意思決定は少なくなるであろう。リスクをコストとして意識させるという点からみれば、医療費を抑制して保険財政を好転させるために患者の「一部負担」を導入したのと同じ理屈である。しかし、医療の場合でも、患者負担の導入によって裕福な患者に比べて貧乏な患者が医療を受けにくくなるという不公平が生じる。同様に、救出費用自己負担の導入は、フリーのジャーナリストやカメラマン、自発的なボランティア活動家を締め出し、大組織の報道機関やNGOの構成員だけに活動を制限する結果になりかねない。しかし大組織の機関は、大組織の報道機関やNGOの構成員だけに活動を制限する結果になりかねない。しかし大組織の機関は、本国の政府や現地の政府の指示を拒否することは困難である。事実、事件が起きた二〇〇四年の四月には、バグダッドには日本の大新聞の記者はほとんどいなかった。安全重視の大組織が脱出してしまえば、後には軍人や外交官のような政府に直属する組織の構成員しか残らなくなる。これは望ましい状態ではないだろう。

しかもイラク政策のような国論が二分されているような問題領域にかかわる経費についていえば、何が正常な経費であり、何が「浪費」であるかについての見解も分かれている。そのようななかで「政府」に、その判定を委ねることはできない。小泉政府のイラク政策に賛同しない立場からすれば、イラクに自衛隊を駐留させる費用こそが浪費的な経費とみなされるのである。政府批判者を「反日分子」と広言する政治家が影響力をもつような政府であれば、救出経費の請求の脅しによって、市民運動やジャーナリズムを統制する誘惑に抗することができるとも思われない。

したがって、「一部負担」は必ずしも誤りではないが、「政府責任」が確定されるか、保険のような集団的な扶助機構が存在しないところでは、その導入は慎重にすべきである。とくに「政府責任」にかかわる領域では、政府の政策への批判者もまた納得できる範囲での負担にとどめない限り、負担請求自体が新しい政治問題を生み出すことは必至である。

# 附編

シンポジウム「いま問い直す「自己責任論」」の質疑応答場面（2004年7月24日）

# 賛同者からのメッセージ

「イラクから帰国された5人をサポートする会」では、二〇〇四年四月の立上げ時より会のホームページ上で趣旨賛同者の署名とメッセージを募集したところ、翌月五月三十一日の締切りまでに六〇〇一を数える署名が集まり、うち二八六三名よりメッセージが寄せられた。編集委員はそれらすべてのメッセージに目を通し、そのなかから多くのメッセージを代弁していると思われるものを選び、ご本人に掲載確認をいただけたもの一一編を、ここに収録することとした。

## ●誹謗・中傷は悲しい

僕は確かにニュースで事件の経過を見ているなかで、「行った人たちに責任があるのでは」と感じたことはありました。家族の方の解放を訴えている映像が何度も流されているのを見ると「少しでしゃばり過ぎではないか」と感じたりもしました。しかし、そういった感情は口に出すべきものではないし、まして、人質になった人やその家族の方の感情を考えると、そういうことは絶対に言えないと思います。それなのに、日本のなかに、人質の方や家族の方を誹謗・中傷する人がいることをとても悲しく思いました。早く人質になった方々とその家族の方々がこの事件のことで心を悩ますことのない日が来ることを、心から願っています。

（向野 隆彦　福岡県　高校生）

## ●もっと議論を！

高校の教師です。三年生の現代社会の授業でこの「自己責任論」報道について扱っていますが、生徒たちの最初の反応の多くは、危険なところに自分で行ったのだから「自己責任」は当然というものでした。しかも、自衛隊がイラクでしていることは「人道支援」だと考えています。アメリカの戦争支援（実際は、補給線の防衛でしょうが）とは思っていません。今のＮＨＫなど（マスコミ報道の多くも）が枕詞のように使う「人道支援」という用語をそのまま信じているわけです。美しい言葉ですから。

私は生徒たちに読売、産経から朝日、東京までの新聞報道や、インターネットで頂いた韓国の新聞報道なども見せています。そこで、やっと、生徒たちは自衛隊のイラク派遣には多くの反対論があること、「自己責任論」に対する強い違和感などを知ります。ここから議論が始まるのです。これら高校生たちの状況から分かることは、日本社会ではまだまだ議論が少ないのです。この問題を議論している人たちは圧倒的に少数派でしょう。議論のない社会は活気を失います。メディアに対する疑問や権力に対する批判精神もまた、どんどん失われていきます。大学も高校も教師たちはもっと鋭い発言をしていくべきでしょう。

（青砥 恭　埼玉県　高校教師　五十歳代）

## ●孤立無援にしてはならない

朝日新聞夕刊で記事を読み、検索してたどり着きました。人質になった三人、そして家族の方々を孤立無援にしてはならないとずっと思っていたので、この支援の輪の中に入ることができ、少しほっとしています。少しですが、明日カンパもお送りします。カンパはカンパ。航空運賃は政府が請求すべきものではない、という思いとはまた別です。

（穐田信子　神奈川県　通訳翻訳業　四十歳代）

## ●殺す側になるか、殺される側になるのか
### ――それ以外の道を求めて

「テロと戦う側につくのか、テロの側につくのか」。その言葉のもとで、世界は「殺す側と殺される側」に二分されようとしているのだと、今回の事件でひしひしと感じました。わたしたちは明らかにテロ戦争に「参戦」しているのだと。

人質になった人たちがやろうとしていたことは、この二分化する世界の枠組みに風穴を開け、その枠を超えて、別の道を探し、歩こうとする行為だったのではないでしょうか。

そんな人たちを政治家が音頭をとって、一部のマスメディアもこぞって「見せしめ」にするこの国のやり方に、醜さと恐ろしさ、悲しみを感じずにはいられません。

（いずみ凜　脚本家）

## ●あなた方は拍手で迎えられるべきでした

今井君、テレビの記者会見で「自己責任」について問われ、自分がイラクで見聞してきたことを人々に伝えること、ときっぱり答えられた態度に深い感銘を受けました。高遠さん。あなたはご自身のこれまでの活動、そして今回の事件について、非難を受ける理由は全くありません。あなた方三人は、空港で拍手と歓声で迎えられるべきでした。権力の側からの世論操作にたやすく流される人々のいることは、この国の民主主義のためにも残念でなりません。一九三一年、まさに十五年戦争の

始まる年に生まれ、皇国少年に仕立て上げられた経験を持つ一老人より。

（円乗淳一　埼玉県　七十歳代）

## ●世界平和への貢献に感謝を

昨今言われている自己責任論は、社会貢献のために自らの判断で挑戦する先進的な市民活動の意味を否定するものです。これは、政府の政策を無批判に受け入れて順応するだけの「思考停止」型の国民を育てる結果につながる可能性をもっており、とても危険な兆候だと思います。世界の平和のために献身的な努力をしてきた五人の方々は、われわれ日本国民の誇りであり、この方々の功績に対して国をあげて称えるべきだと思います。五人の皆さんには、イラク国民のためにここまで尽くされ、そして国際社会における日本の役割の一つを見事に代表して果たしていただいたことを、心から感謝申しあげます。

（田中雅文　東京都　大学教師　四十歳代）

## ●イラクに生まれたというだけで、子供たちまで殺されている…。

その国に生まれたというだけで、殺される。こんな理不尽なことが横行していいのでしょうか。日本がたまたま戦場になっていないからといって、私たちはなにも特権的に安閑と過ごすことは許されないはずです。

私たちは、もっと想像力をもってイラクの市民に今行なわれていることを捉えるべき時です。そしてジャーナリストたちは、自主規制などせずに、もちろん低劣な興味本位の煽情報道を恥と思い、今行なわれていることを伝えるべきです。自らの身を呈して出かけた使命感に燃えたフリージャーナリスト、NGOメンバーの名誉を守らなければならないのは、誰よりもジャーナリズムに身を置く人々のはずです。

法曹界の人は、この根拠のない侵攻が国際法、国際条約を踏みにじる行為であることをもっと伝えてください。世の親は、イラクの親の悲しみを思ってください。私たちは、世紀の愚挙をこれ以上拡大してはならないのです。

安田さん、渡邉さん、これからも、もっともっとイラクで起こっていることを伝えてください。高遠さん、今井さん、郡山さん、解放されたあと、一体何があったのですか？　私はあなた方の心を傷つけた人たちを憎みます。あなた方は私のできなかったことをしたのであり、決して中傷されるいわれはないのです。どんなに辛いことがあっても、世界が声援を送っています。自信をもって次の一歩を踏み出してください。あなた方は深い傷を負ったのですが、それにより、世界の輪がこうして一層広がったのです。

（佐藤裕子　東京都　コピーライター　五十歳代）

## ●「自己責任」論に潜むもの

アピールに全面的に賛同いたします。この事件は、人質になられた方々には、過酷で想像もつかない体験を強いてしまうと同時に、合わせ鏡のように日本社会の実相を写し出しました。それは、権力を持つ国や大マスコミが、何の力も持たない個人を踏みつぶすという悲しくも恐ろしいものでした。「自己責任」論に同調した方々には、今回の政府の対応から、何かの時に権力の鉾先が自分も含めた個人に向けられる可能性が示されたことに気づいていただきたい。他人事ではないのです。そして、この国の為政者たちはイラク自衛隊派遣などの既成事実を着々と積み上げ、なんとか戦争の出来る国にしようとしているようですが、それはどのような意味を持つのでしょうか。

私の父は、現在九十一歳です。十年ぐらい前まで、よく第二次大戦の戦争体験を聞かされました。彼は先の大戦で、最初の連れ合いと子供を亡くしています。終戦直前に徴兵され捕虜としてシベリアに抑留され、命からがら骨と皮だけになっても家族に会いたい一心でやっとの思いで日本に帰った時、わが子の死を知らされたそうです。その後ほどなく連れ合いも亡くなりました。戦争でいつも犠牲を払うのは結局　庶民です。イラクでも同じです。「自己責任」論に同調した方々や自衛隊派遣を追認した方たちには、そのことも考えていただきたいと思います。

9・11以降世界は複雑で混迷を続けていますが、庶民の、「平和であるだけでいい」という思いがかなうように願わずにはいられません。そして、その願いを実現するには、一〇〇〇万人のデモで政権を替えたスペインのように、声を上げ、態度で示していかねばならないことを、今回の事件は教えてくれたと思います。

（山田佳代子　東京都　主婦　五十歳代）

## ●国家に従っているだけでいいのか

アピールの趣旨に賛同いたします。現在海外（ドイツ）に在住していますが、日本国内の人質被害者へのまるで見当違いの非難・中傷を聞くにつれ、まったく情けない思いです。人質になった人たちが万全の準備をしていたのか、状況判断に甘さがなかったかについては議論の余地があるでしょう。しかし「退避勧告が出ている所に行くのが悪い」という今の政府や一部マスコミの言い方では、要するに人間は国家から独立してものを考えたり行動したりしてはいけないということに帰着します。何をなすべきかはすべて国家が決めて、市民はそれに従順に従わねばならないのか。国家ではできない、あるいは国家がやろうとしないことがたくさんあるからこそ非政府組織などの考え方が出てきたわけでしょう。少なくとも政府や一部マスコミの言う「自己責任」という言葉には、市民の人間としての責務や行動を議論するという意味合いは感じられません。単に「御上に従わなかった不届き者」を見せしめとして罰したいのだとしか思えません。国際社会で今何が必要とされ、いかなる行動を取るべきかという問いには、あらかじめ与えられた正しい答えなどないという認識から出発すべきです。何が妥当かは議論を通じて合意がつくられていくものではないでしょうか。

（牟田和男　学生　四十歳代　ドイツ在住）

## ●テロの標的にならないために

三人の元人質に対する自己責任論や自業自得論には心の底からの憤りと怒りを感じております。私たちはいま多くの市民がインターネットなどでつながったグローバルな市民社会に生きています。ここでは日本の一個人が発信したメッセージは瞬時に世界へと発信され、何らかの影響を与えます。ましてや日本でデモなどの何らかの集団行動を行なえば、それはネットを含めたあらゆるマスメディアを通して世界へと配信され、その行動の意味はグローバルな価値観と解釈の枠組みで理解されます。こうした状況では、私たちが日本国内で行なっている自業自得論も国内だけの論争に止まるものではなく、当然、厳しい国際的な評価と審判の対象になります。

一方、グローバルな市民社会では、先の米国務長官コリン・パウエルがインタビューで「誰もリスクを引き受けようとしなかったら、私たちには前進はなくなります。私は、あの日本市民たちが、より大いなる善のため、よりよき目的のために、すすんで自分の身を危険のなかに置いたことを、嬉しく思っています。日本の人たちは、こういう人たちがすすんであぁいう行動をとったことを誇りに思うべきです」と発言したように、その個人の行動に高い価値があるかどうかは、その行動の目的で評価されます。

この点では、人質となった三人はイラクという身の安全の保証がかならずしも保証されない国で人道援助を行なうというリスクの高い仕事を引き受けた個人です。こうした個人は、多くの日本人が引き受けられないリスクを自ら引き受け、その社会的な価値の高い仕事を実現しようと努力しているのです。他の社会であれば、こうした個人が危険にさらされた場合、彼らが引き受けたリスクの何分の一かでも社会が肩代わりすることでしょう。ましてや自業自得だと称して費用負担を求めることなどありえません。米軍攻撃下のファルージャで人道支援中に人質となり、無事に解放されたのち、いまもイラクにとどまって支援活動を続ける英国女性ジョー・ワイルディングさんという勇気ある女性がおられますが、彼女を英国社会が非難することなどないでしょう。

日本国内の「自業自得論」は、「日本国民はイラクの人々を援助するという行動には一切価値を認めない。これを実践する個人にはそれ相当の報いを与えてやる」というメッセージを全世界に送ったことになるのです。今後、これは大変な反動となって日本や日本国民の身の上に降りかかることは間違いないでしょう。そこにあるのは国際的な世論からの凄まじい孤立化です。

さらにこれは自らテロの目標となることを宣言したようなものなのです。「日本国民はイラクの人々を援助するという行動には一切価値を認めない。これを実践する個人にはそれ相当の報いを与えてやる」とは、日本をイスラム圏すべてから絶対的に孤立させ、さらにイスラム原理主義者のテロリストを激怒させるには十分な論理のはずです。

自業自得論に賛同する人たちは、この論理がもたらすリスクを負うことができますか？「テロには屈しない」と日本政府は言います。では自業自得論に賛同する人たちは、自分たちがテロの標的になるリスクを積極的に負うことができるのでしようか？　こうした結果は、まさに日本国民とその政府が全世界に送ってしまったメッセージの反動なのです。リスクを負う以外の選択はもはやないのです。それこそ自業自得なのです。

こうした否定の連鎖を止めるためにも、いまこそ五人の元人質に対するいわれのない非難は即刻停止すべきです。

（高島 康司　東京都　自営業　四十歳代）

●税金の使途にも責任論を！

もしも自分が海外に滞在中にその地域や国の治安が悪くなったとき、「邦人保護」の名のもとに日本の軍隊が派遣されるのであれば、「国家による保護」などはお断りしたいと思います。そもそも日本軍の派遣がなければ、今回の人々が拘束されるようなことはなかったか、あっても、同じようにファルージャで拘束されながら、ただちに解放された中国人労働者たち同様に早期に解放されていたはずです。そう考えれば、人質事件の原因は、危険地域に「勝手に出かけていった」人々ではなく、派兵を決定した人々とそれを支持した人々にあります。追及されるべき責任の所在がまちがっているのではないでしょうか。集団ヒステリーのような人質バッシングに悪ノリしているとしか思われませんが、万一にも費用請求をするのであれば、日本政府は今回の事件に関して、どのような対応を行ない、そのうちどれが解放において有効であったかを具体的に明らかにした上で、費用対効果の観点から実費請求をしていただきたいものです。その場合、ぜひ費用負担のカンパ運動を行ないましょう！　軍事費として徴収されている税金を不納にしてでも、カンパに応じたいと思います。

（平田 由美　大阪府　兼業主婦　四十歳代）

問状に対する回答を受領。

5月18日　外務省から，5月10日付け質問への回答を受領。

5月25日　賛同署名・募金の集約結果のマスコミ発表をかねて討論集会を開催（於：衆議院第一議員会館）。民主党，日本共産党，社会民主党の議員7名，ならびに渡邉修孝さん，出席。

5月31日　テレビ朝日と「朝まで生テレビ」番組制作者への公開書簡「イラク人質事件に対する貴局のご回答に関する私達の見解」を公表。

5月31日　緊急アピールへの賛同署名とサポート募金を締め切る。最終集計は次のとおり。

署名6001筆，メッセージ2863通，募金922件5,117,865円

6月 7日　イラクで殉職された橋田信介さん，小川功太郎さんに対する哀悼の意を表する文書を公表。

6月 8日—10日

民主党小林千代美衆議院議員，日本共産党紙智子参議院議員，社会民主党山本喜代宏衆議院議員が政府に対する質問主意書を提出。

6月15日　サポート募金のうち，1,980,570円を募金の所期の使途（高遠さんら3人とそのご家族の羽田－ドバイ間の航空運賃の支払い）に充てたことを公表。

6月29日　上記3名の国会議員の質問主意書に対する政府答弁書，送付される。

7月14日　国会議員3名への政府答弁書に関する世話人会の見解を公表。

7月24日　シンポジウム「いま問い直す「自己責任論」」を開催（於：東京大学本郷キャンパス）。

参加者240名

講演者：瀧川裕英（大阪市立大学助教授），山口正紀（「人権と報道・連絡会」世話人），高橋源一郎（作家）

なお，当日の講演および討論の模様については，次のレポート（文責・三枝暁子）をご覧下さい。

http://ac-net.org/honor/doc/04724-report.php

## イラク人質事件関連論評・記事一覧（新聞掲載分 2004 年 4 〜 8 月）

| 新聞名 | 日付 | 掲載欄 | 見出し／内容要約 |
|---|---|---|---|
| 読売 | 4 月 9 日 | 社説 | 卑劣な脅しに屈してはならない |
| 読売 | 4 月 10 日 | 社説 | 3 邦人人質　小泉首相の「撤退拒否」表明を支持する |
| 産経 | 4 月 10 日 | 産経抄 | [政府対応は当然の措置で，世論成熟の証？] |
| 東京 | 4 月 11 日 | 筆洗 | [人質の無事救出を第一に考えるべく，自己責任として切り捨てるべきではない] |
| 読売 | 4 月 13 日 | 社説 | 3 邦人人質　峻別すべき「解放」とイラク政策 |
| 産経 | 4 月 13 日 | 産経抄 | [「個」と「公」のけじめの欠如] |
| 産経 | 4 月 14 日 | 主張 | 邦人人質事件　貫き通したい自己責任の原則 |
| 朝日 | 4 月 15 日 | 社説 | これ以上苦しめるな　人質の家族 |
| 読売 | 4 月 16 日 | 社説 | 3 邦人解放　喜ばしいが教訓も少なくない |
| 読売 | 4 月 16 日 | よみうり寸評 | まだ終わらない人質事件 |
| 読売 | 4 月 16 日 | | イラク 3 邦人解放　軽い行動，重い責任（栖崎憲二） |
| 産経 | 4 月 16 日 | 産経抄 | [被害者家族批判は日本マスコミの情緒的報道にあり] |
| 産経 | 4 月 16 日 | 主張 | 邦人人質事件　ひとまず解放を喜びたい |
| 東京 | 4 月 16 日 | 社説 | 邦人 3 人解放　教訓を読み取りたい |
| 朝日 | 4 月 17 日 | 窓・論説委員室 | 期待される家族像（高成田享） |
| 産経 | 4 月 17 日 | 産経抄 | [もし自衛隊撤退すれば国辱的大恥をかかせるところった] |
| 読売 | 4 月 18 日 | 社説 | イラク 2 邦人解放　同じ愚を繰り返してはならない |
| 東京 | 4 月 18 日 | 社説 | 2 邦人解放　今回は無事だったが |
| 朝日 | 4 月 19 日 | 夕刊・文化欄 | どこかの国の人質問題（高橋源一郎） |
| 北海道 | 4 月 19 日 | | 高遠さんら人質事件を取材して　活動，必ず理解得るはず（黒田理） |
| 読売 | 4 月 19 日 | 社説 | 渡航禁止論議 |
| 読売 | 4 月 19 日 | 編集手帳 | 「自己責任」の苦い教訓 |
| 朝日 | 4 月 20 日 | 天声人語 | [自己責任論はイラク現状への目隠しになってはいないか] |
| 朝日 | 4 月 20 日 | ポリティカにっぽん | 自己責任論と国家のモラル（早野透） |
| 朝日 | 4 月 21 日 | 社説 | 私たちはこう考える　自己責任 |
| 朝日 | 4 月 22 日 | 窓・論説委員室 | 自己責任（桐村英一郎） |
| 産経 | 4 月 23 日 | 産経抄 | [自己責任論は当然であり，被害者たたき世論は国民にとってごく普通の感覚] |

| 新聞名 | 日付 | 掲載欄 | 見出し／内容要約 |
|---|---|---|---|
| 日経 | 4月25日 | 中外時評 | 狭量が文明を滅ぼす――広がる自己責任論の危うさ（塩谷喜雄） |
| 産経 | 4月25日 | 主張 | 自己責任　自由だからこそ問われる。 |
| 北海道 | 4月28日 | | イラク人質解放と自己責任（藤島誠哉） |
| 朝日 | 4月30日 | 社説 | NGOの芽を摘むな　人質事件 |
| 朝日 | 5月1日 | 声・編集長から（大阪） | ［イラク日本人人質事件に関する投稿数の4月分集計から］（松田生雄） |
| 読売 | 5月1日 | | イラク人質事件「自己責任論」は悪者か（楢崎憲二） |
| 産経 | 5月2日 | 産経抄 | ［謝罪・反省の言葉も無い人質事件被害者の会見］ |
| 東京 | 5月3日 | 社説 | 国家，国民，そして…　憲法記念日に考える |
| 日経 | 5月4日 | 春秋 | 戦争が終われば戦場カメラマンは失業する |
| 読売 | 5月12日 | 余響 | イラク人質解放　周囲の人たちを巻き込んだ認識も「自己責任」（添田恭正） |
| 朝日 | 5月15日 | be欄 | 自由には必ず責任伴う（山形浩生） |
| 朝日 | 5月19日 | 窓・論説委員室 | 続・自己責任（清水建宇） |
| 読売 | 5月26日 | ［論壇2004］5月 | ひとりNGOの自己満足　人質事件招いた自分探しの旅（時田英之） |
| 産経 | 5月29日 | 産経抄 | ［外国メディア等の都合の良い引用による産経抄批判は笑止千万？］ |
| 産経 | 5月29日 | 主張 | イラク邦人襲撃　心が痛む戦場記者の受難 |
| 読売 | 5月30日 | 反射角 | 民主国家と自己責任論（板橋旺爾） |
| 産経 | 6月24日 | 産経抄 | ［金鮮一さん事件の韓国政府対応は当然のこと］ |
| 東京 | 7月6日 | 筆洗 | ［小泉政権の政治手法への信任が問われる参院選挙］ |
| 産経 | 8月20日 | 産経抄 | ［勝谷誠彦『イラク生残記』に見るジャーナリストの根性］ |

（注1）論評に見出しの無いものは，編集委員が内容を要約した。この場合は［　］で括り区別してある。
（注2）論評の執筆者が明示してあるものは，見出しに続けて執筆者名を（　）で括って記述した。

## イラク人質事件関連論評・記事一覧（一般雑誌掲載分 2004年4～8月）

| 雑誌名 | 巻号 | 見出し／内容要約 |
|---|---|---|
| 週刊現代 | 4月12日号 | 政府関係者の「犯行声明文はまるで日本人が書いたような違和感」発言を共同通信が配信 |
| 週刊新潮 | 4月15日号 | 人質と家族を中傷する特集（74万部完売） |
| SPA | 4月20日号 | 今週の顔　イラク邦人拘束　民間人を拉致する非道に怒りが |
| ニューズウィーク日本版 | 4月21日号 | 人質は日本人じゃなくても良かった |
| 週刊新潮 | 4月22日号 | 「人質報道」に隠された「本当の話」／自己責任だから「家族負担」との声も出た「救出費用」（74万部完売） |
| 週刊新潮 | 4月22日号 | 「共産党一家」が育てた「劣化ウラン弾」高校生／「12歳で煙草，15歳で大麻」高遠さんの凄まじい半生／「子持ち・離婚」でも戦場カメラマンを選んだ郡山さん |
| 週刊新潮 | 4月22日号 | 小野次郎首相秘書官と飯島秘書官「自作自演の可能性」／「やっぱりおかしい」 |
| 週刊文春 | 4月22日号 | 「日本政府極秘ルートをすっぱ抜く」 |
| 週刊金曜日 | 4月23日号 | 中村敦夫　政府関係者も行かない危険な場所に「勝手に」行った見上げた若者たち　イラクで人質になった今井紀明君 |
| 週刊金曜日 | 4月23日号 | 山口正紀　被害者・家族攻撃を煽る「読売」／栗田禎子　人質バッシングに抗議する／竹内一晴　被害者と家族を追い込んだ非道な輩 |
| 週刊金曜日 | 4月23日号 | 津田俊雄　警察庁も仕組んでいた「自作自演説」／Andrew DeWit 文化論ではなく政治問題として「人質問題バッシング」を見る |
| サンデー毎日 | 4月25日号 | 山本貞夫　アメリカの手先日本に向けられた牙 |
| AERA | 4月26日号 | イラク人質事件の裏で自己責任噴出のココロ　「自己責任」と言い切る人たち，その心理は…… |
| 週刊女性 | 4月27日号 | 高遠さんの素顔　イラクストリートチルドレンの肝っ玉母さん |
| 女性自身 | 4月27日号 | 瀬戸内寂聴「もう誰一人犠牲にしてはいけない」／勝谷誠彦「撤退は有り得ない」／天木直人「（政府は）間違えを認める勇気をもて」 |
| FLASH | 4月27日号 | 苦難に耐え生還の3人の貴重写真&エピソード |
| SPA | 4月27日号 | イラク日本人人質解放　救出費用は数十億円⁉　5人に求められる「自己責任」とは？ |
| 週刊エコノミスト | 4月27日号 | イラク邦人人質事件の為替への影響は限定的 |
| 女性自身 | 4月27日号 | 震撼！　日本人が人質に！　「イラク人の笑顔が見たかったのに」 |

| 雑誌名 | 巻号 | 見出し／内容要約 |
|---|---|---|
| 週刊新潮 | 4/29,5/6合併号 | 人質報道に隠された本当の話／高山正之「ヘンだ」／「朝日とNHKはこの日をあらかじめ想定していたのか」「壮大なシナリオ」 |
| 週刊文春 | 4/29,5/6合併号 | 日本政府　解放の代わりに経済的援助に合意 |
| アサヒ芸能 | 4月29日号 | 宮崎学　イラク人質解放過程で露呈した日本の脆弱 |
| アサヒ芸能 | 4月29日号 | イラク人質高遠さん拘束直前メモ独占公開／井筒監督毒舌ストレート時評「小泉を総理にした時点でもう手遅れ」 |
| 週刊実話 | 4月29日号 | イラク「人質テロ」甘ったれるな日本！　ヤラせ説も噴出！ |
| 週刊朝日 | 4月30日号 | グラビア　解放 その瞬間　歓喜，安堵，困惑　「自己責任」言い立てる小泉政権の矛盾 |
| 週刊朝日 | 4月30日号 | カンボジアで拘束された元ボランティア　英国人UNHCR地域代表ロバートアッシュが語るイラク人質事件の教訓 |
| 週刊ポスト | 4月30日号 | スクープ！　日本人人質事件犯行グループに最も近い「謎の仲介人」独占直撃 |
| FRIDAY | 4月30日号 | 政府首脳がマスコミに対して人質に共産党員がいることを記事にしろと示唆 |
| 月刊官界 | 5月号 | 加藤紘一「イラク戦争は反対だが反米ではない」 |
| 世界 | 5月号 | いますぐ撤兵を！ |
| 創 | 5月号 | 野中章弘・原田浩司対談「イラクで標的になる日本の報道陣」 |
| インパクション | 141号 | 天野恵一「自己責任＝自業自得」キャンペーンの政治的意味　小泉政権・マスコミの一体化した責任転換を許すな！ |
| 週刊現代 | 5月1日号 | 飯島秘書官「まいっちゃうよ,家族の中に過激集団がいてさ」 |
| 週刊現代 | 5月1日号 | 福田官房長官発言「何様のつもりだ」「殺されても仕方ない」 |
| 週刊現代 | 5月1日号 | 解放後も白い目！　人質家族は「共産党員」だったのか／今だから書ける聞くに耐えなかった解放された人質家族への誹謗中傷 |
| サンデー毎日 | 5月2日号 | 場当たり交渉が露呈した小泉イラク政策の泥沼 |
| サンデー毎日 | 5月2日号 | 山本貞夫　3人解放でも終わらぬ事件 |
| サンデー毎日 | 5月2日号 | 「自己責任」大合唱にちらつく「市民」嫌悪の憂鬱 |
| 週刊プレイボーイ | 5月4日号 | 河合洋一郎　緊急イラクスペシャル「人質国家日本　次なる地獄」 |
| FLASH | 5月4日号 | イラク人質事件ホントは書けない激ヤバ話　救出費用10億円　タクシー運転手はテロ協力者 |
| 週刊プレイボーイ | 5月4日号 | 石塚隆　理由は何であれここではすべてが無力となる。戦場における自由と責任 |
| 女性自身 | 5月4日号 | 家族間も揺れた！　イラク人質事件の波紋！　救出費用20億円！ |

| 雑誌名 | 巻号 | 見出し／内容要約 |
|---|---|---|
| ダカーポ | 5月5日号 | アーエル・A・サベット「日本よ自信をもて　日本はイラク復興には欠かせない国」 |
| 週刊実話 | 5月6日号 | 怒れ！　消えた血税12億円！　自己責任を問え！ |
| 週刊文春 | 5月6日号 | 聞き捨てならないイラク人質事件10大スクープ　蓮池透・増元照明「私たちと人質家族は違う！」 |
| 女性セブン | 5月6日号 | 改めて問う自己責任　人質3人救出費用　交通費人件費だけで4000万円　総額20億円といわれる費用の始末と「PTSDで会見困難」への疑問 |
| FRIDAY | 5月7日号 | 「手際のよさに政府が疑った」／チャーター機を出したのは福田官房長官の指示 |
| FRIDAY | 5月7日号 | 人質テロの裏　小泉政権の傲慢と圧力 |
| サンデー毎日 | 5月9・16日合併号 | 江川紹子「イラク日本人拘束事件での人質非難，自己責任という言葉，日本の中に潜む病」／米原万里「国家機密の隠し方」 |
| サンデー毎日 | 5月9・16日合併号 | 石見隆夫のサンデー時評「ルモンド」の批判派あたらない／森住卓　特別寄稿「自己責任」を問われる人質たち……「誰が被害者を加害者にしたのか」 |
| AERA | 5月10日号 | イラク人質救出費用　自己責任論尻すぼみの理由 |
| SPA | 5月11日号 | 勝谷誠彦　右翼左翼のレッテルに外圧頼みの思考停止いい加減自分の頭で考えよ |
| 週刊エコノミスト | 5月11日号 | 佐伯啓思　イラク戦争と日本の保守は　新帝国アメリカに追随する危うさ |
| ニューズウィーク日本版 | 5月12日号 | 政府にイラクからの撤兵を決断させたスペイン国民の論理と日本にとっての教訓を専門家に聞く |
| アサヒ芸能 | 5月13日号 | ここが変だよイラク人質事件　強烈コメンテーターあほ馬鹿総括厳選　自己責任ってナンや家族いじめってドーヨ |
| 週刊朝日 | 5月14日号 | 安田さんが語る解放までの3日間（渡邉さん「外務省は両親にも会見しないほうがいいと言った」） |
| 週刊朝日 | 5月14日号 | 田中真紀子が語る自己責任論　独占インタビュー |
| 週刊金曜日 | 5月14日号 | 斎藤貴男　天野恵一　人質バッシングを許さない！　官邸とマスコミが流した「自己責任論」の卑劣 |
| 週刊ポスト | 5月14日号 | 自己責任社会（小沢一郎・養老孟司・渡辺乾介）／曾野綾子「イラク人質事件の目的は思想ではなく身代金」 |
| 週刊ポスト | 5月14日号 | ビートたけし「大論争が巻き起こったイラク人質事件だけど，もう1回起きたら皆殺しだっての」 |
| 週刊現代 | 5月15日号 | 全日本人必読　テレビ新聞が報じない人質家族吊るし上げ会見　この剥き出しの敵意は何なのか？ |

| 雑誌名 | 巻号 | 見出し／内容要約 |
|---|---|---|
| 週刊現代 | 5月15日号 | 日本政府が経済的援助を申し入れてきたことに対してクベイシ氏「人質問題を金で解決するのは断る」 |
| AERA | 5月17日号 | 斎藤美奈子 「話題の彼女の旅行記, できれば続編を」 |
| FLASH | 5月18日号 | 安田さん渡邉さんインタビュー |
| SPA | 5月18日号 | イラクまで自己を探しに行った人に自己責任を問う無意味さ |
| SPA | 5月18日号 | HOW MUCH?「自己責任」のお値段／鴻上尚史 個人より国が大事？ 驚くほど誰もが世間体を重んじる。イラク人質家族の言い分を拒絶して政府に賛成した国民 |
| 週刊エコノミスト | 5月18日号 | 中村啓三の政流観測 日本人人質解放で表れた小泉政権の本音と「日本異質論」 人質を賞賛し自己責任論を批判した海外メディアとパウエル国務長官 |
| FRIDAY | 5月21日号 | 人物ワイド 高遠菜穂子さん「帰国して伝えたかったこと」 |
| 週刊朝日 | 5月21日号 | 高遠菜穂子さん「沈黙」に世界の同情 「変な国ニッポン」の人質たたき |
| 週刊ポスト | 5月21日号 | 石原慎太郎vs曾野綾子対談 イラク人質事件, 平等教育に物申す「話せばわかる」では世界に通じない。 |
| 週刊現代 | 5月22日号 | 今井君インタビュー 政府は僕らの自作自演にしようとした |
| 週刊ダイアモンド | 5月22日号 | 田中康夫vs浅田彰 覚悟なき自己責任論 |
| 東洋経済 | 5月22日号 | 春海二郎 「世間」って誰？「騒がせる」ってどういうこと？ |
| サンデー毎日 | 5月23日号 | Reader's Battle イラクで拉致された邦人の行動をどう思う？ |
| 週刊プレイボーイ | 5月25日号 | 解放の真相 日本政府はまる投げだった |
| SAPIO | 5月26日号 | ビートたけし連載「ああボランティアって恥ずかしい」の中で「天井疑惑」（やらせ）と人質非難 |
| SAPIO | 5月26日号 | 曾野綾子「ボランティアといえども自己責任が問われるのは当然」／呉智英 反「自己責任論」の虚妄を撃つ！ |
| サンデー毎日 | 5月30日号 | 江川紹子「イラクで拘束された元人質に期待された謝罪」 |
| DAYS JAPAN | 6月号 | 服部孝章 「自己責任」とメディアの責任 |
| 一冊の本 | 6月号 | 物見遊山は自己責任で |
| 現代 | 6月号 | ドバイに向かう際官邸はマスコミを撒くため「アンマンから帰国」という情報を流すよう指示 |
| 現代 | 6月号 | 「マスコミに対して多くを語らないように。経費をあなた方に請求すべきだという世論がある」 |
| 現代 | 6月号 | 寺島実郎・斎藤孝雄 経済人はイラク戦争に責任を自覚するか？ |
| 現代 | 6月号 | 安倍幹事長「自作自演の可能性」小泉総理「これ, 自己責任だよな」 |

| 雑誌名 | 巻号 | 見出し／内容要約 |
|---|---|---|
| サイゾー | 6月号 | 自己責任をぶっとばせ！　安田さんインタビュー |
| 潮 | 6月号 | 木下英治「流動のイラク情勢とニッポン」小泉政権を震撼させた8日間 |
| 自由 | 6月号 | 週刊誌記者匿名座談会 |
| 諸君 | 6月号 | 石原慎太郎・西村眞吾　特集：この日本人にしてこの人質　劣化する日本人と滑稽なる「公私混同」 |
| 諸君 | 6月号 | 中西崇　特集：この日本人にしてこの人質　「人質家族」を広告塔に仕立てたのは誰だ／中西輝政　特集この日本人にしてこの人質　国際テロ組織と「次なる試練のとき」 |
| 諸君 | 6月号 | 佐々淳行　特集：この日本人にしてこの人質　中田さん，若王子さん，ロバートキャパ……自己責任無き人質たちは過去の被害者から学ぶ精神もなかったのか |
| 新潮45 | 6月号 | 「現地独占スクープ　3人は見事任務をこなした」 |
| 正論 | 6月号 | 脚本家 石堂淑朗「これはヤラせに違いなし」「人質家族図々しい」 |
| 正論 | 6月号 | 中西輝政　「陰謀説」 |
| 正論 | 6月号 | ジャーナリスト吉田鈴香　自己責任は鉄則　紛争地にアマチュアは立ち入り禁止とせよ |
| 創 | 6月号 | ジャーナリスト拘束と自己責任論の迷妄　安田さんを交えて |
| 中央公論 | 6月号 | 岡本浩一　特集：改めて問う日本の自己責任 NGO性善説の落とし穴／武田徹　戦勝で人質となったジャーナリストの幻想　呆気なく打ち砕かれた「公共性」という大儀 |
| 中央公論 | 6月号 | 斎藤環　時評2004「主張する弱者」にも寛容さを |
| 文藝春秋 | 6月号 | 青沼洋一郎「イラクの中心で愛をさけぶ人達・ボランティア活動に名を借りた自分探しの果て」 |
| ミュージックマガジン | 6月号 | 木村元彦　イラク人質事件に対する政府，メディアの卑劣な対応を許すな！ |
| 論座 | 6月号 | 森本敏「政府は全力投球して救出作戦を実行」して報われた |
| Voice | 6月号 | 「見苦しかった人質家族」／上坂冬子「劣化ウランは健康環境に影響無し」人質家族批判も。 |
| Voice | 6月号 | 村田良平「恥を知るという心構えが少ない」「日本の教育の失敗を露出した」 |
| テーミス | 6月号 | イラク人質事件の謎①　「身代金は間違いなく犯人に渡った」／イラク人質事件の謎②　筑紫哲也・古舘伊知郎・朝日新聞を嗤う |

| 雑誌名 | 巻号 | 見出し／内容要約 |
|---|---|---|
| 発言者 | 6月号 | 保坂正康「北海道左翼のファルス」 |
| 論座 | 6月号 | クベイシ師「解放は日本の人たちの解放へ向けて行動した結果です」 |
| 論座 | 6月号 | 藤原帰一・酒井啓子・高橋和夫・上村洋一対談「泥沼イラク, どうする日本」 |
| 論座 | 6月号 | 森本敏　ジャーナリストもNGOもいずれ資格制度が必要になる／綿井健陽　人質は誰の身代わりだったのか／中西寛　求められる国民的常識の成熟 |
| 論座 | 6月号 | 桂敬一　政府に人質事件を「人質」に取られた市民とメディア |
| アサヒ芸能 | 6月10日号 | テリー伊藤vs安田純平 |
| ダカーポ | 6月16日号 | 安田さんインタビュー |
| 週刊新潮 | 6月17日号 | 高山正之「今井さん郡山さんの会見で謎が増えた」やはりヤラせでは？という文章 |
| 週刊読売 | 6月20日号 | 池内恵「イラクでの出来事は国がまとまる過程の混乱」 |
| 婦人公論 | 6月22日号 | ショーンペン「命の重みも戦争の意味も自分の目で見なければわからない」 |
| 週刊新潮 | 6月24日号 | 国に500万円の損害賠償を求めた元人質 |
| 週刊ポスト | 6月25日号 | 曾野綾子　イラクで息子を誘拐された父親が主犯格を拘束して息子を取り戻し, 逆に身代金を要求した事件 |
| 婦人公論 | 6月27日号 | アリスウォーカーvsアグネスチャン「私はイラク戦争に限らず戦争に反対です, 戦争は何の解決にもなりません」 |
| BIG TOMORROW | 7月号 | 落合信彦　イラク人質事件における「自己責任」論をどう捉えるか。六本木ヒルズ回転ドア事故とともに考える |
| GALAC | 7月号 | 高橋和夫「こう見る！　イラク報道」 |
| 月刊百科 | 7月号 | 桜井哲夫特別寄稿　「自己責任」という妖怪　イラク人質事件のあとに巻き起こった自己責任論 |
| 財政界 | 7月号 | 元外務大臣 高村正彦「イラク問題では米国に働きかけ」 |
| 正論 | 7月号 | 北野太己「捨てた国に救出された意味がわかる？」 |
| 世界 | 7月号 | 安田さんインタビュー |
| 世界 | 7月号 | 寺島実郎　能力のレッスン　自己責任を巡って／今福龍太　自己責任論が映し出した日本社会　国家を超え出る力を認めよ |
| 世界 | 7月号 | 西谷修　「自己責任論」が映し出した日本社会　誰に責任があるのか？／石田英敬　「象徴的貧困」の時代　「イラク日本人人質事件」報道を問う |

| 雑誌名 | 巻号 | 見出し／内容要約 |
|---|---|---|
| 諸君 | 7月号 | 三浦朱門「身代金支払った」 |
| 諸君 | 7月号 | 池内恵「イラク人質事件に乗じた撤退論も，自省なき自己責任論も，国民には滑稽でしかなかった」，「不用意な自己責任論による無用の論争，まるで政府が責任逃れしたみたいじゃないか！」 |
| 諸君 | 7月号 | 「麹町電脳観測所」（2ちゃんねるの書き込みを掲載するコーナー）「進む3ばかテロ市民」「ライターくずれ」 |
| 諸君 | 7月号 | 郡山さんのジャーナリストとしての資質を問い写真の下に「今後も取材ゴッコ」 |
| 正論 | 7月号 | 人民新報が高遠さんのHPに掲載されていた文章を転載，しかし自ら投稿したような記事を掲載 |
| 正論 | 7月号 | 今井さん郡山さんを「自己責任」で責め朝日・毎日新聞社を批判，やらせビデオにも言及 |
| 正論 | 7月号 | ジャーナリスト 時沢和男「日本人人質は場合によっては死刑」 |
| 正論 | 7月号 | 野口健「登山家としての私の自己責任」／中西崇　イラク人質を擁護し続けるメディアの醜悪 |
| 正論 | 8月号 | ジャーナリスト 西村幸祐「2ちゃんねるを目の敵にし始めた朝日　岩波の焦燥」 |
| 週刊新潮 | 8月12·19日合併号 | 未だに「飛行機代」払わない「イラク人質3人組」 |
| 通販生活 | 秋号 | 江川紹子，野口健ほか　人質事件の自己責任論　是か非か |

上記資料の調査・収集は，次の方々の協力によるものである。

大石 鉄太郎　　小島 佳祐　　佐藤 真左美　　菅原 絵巨

宅間 かおり　　古屋 智子　　矢田 真子

緊急アピール

# イラクで人質になった方々の活動に敬意を表し，これらの方々への非難・中傷を直ちに止めるよう訴えます

イラクで人質となった方々が解放され国民が安堵しているさなかに，政府，一部マスコミの間で，これらの方々の「自己責任」を追求する意見が声高に叫ばれています。さらに，人質となった方々の過去の経歴なるものをあげつらって，いわれのない誹謗・中傷が行われています。5人の方々のイラク入りについては，その状況判断に問題がなかったか，議論がありうると思います。しかし，考えてみて下さい。巨大な情報収集能力を持つアメリカ政府でさえ，あのイラクで取り返しのつかない誤算を繰り返しているのではないでしょうか。今回の人質事件に関して，その背景的状況を抜きにして論点を「自己責任」にずらしてしまうのは問題のすりかえであり，矮小化であると，私たちは考えます。

そもそも，5人は戦禍のイラクの悲惨な実態を世界に伝えるために，また，戦争・貧困・環境破壊に苦しむ人々を支援するためにイラク入りしたのです。フランスのルモンド紙は，人質となった方々のことを「犠牲となっている人々に手を差しのべた」，「戦争，暴力，非寛容を拒否する思想の伝達者である」と報じました。

アメリカのパウエル国務長官も，「危険を知りながら，良い目的のためにイラクに入った市民がいることを日本人は誇りに思うべきだ」，「『危険をおかしてしまったあなたがたの過ちだ』などと言うべきではない」と語っています。

こうした海外の論調をみても，5人の方々は日本人の勇気ある人道精神を世界に知らしめた，誇るべき若者といえるのではないでしょうか。また，人質となったある方は，「それでもイラクの人を嫌いになれない」と語っています。この言葉によって，またこの言葉に共鳴してくれるイラクの人々の力によって，むしろ何人もの日本人の（自衛隊員を含む）命が救われている可能性すらあるのです。

にもかかわらず，日本政府や一部マスコミは「5人は政府や関係機関に多大な迷惑をかけた」，「救ってやった」，「謝罪せよ」といわんばかりの態度です。こうした冷淡で非人道的な態度に私たちは唖然とし，背筋の寒ささえ覚えます。

このような観点から，私たちは日本政府，マスコミ関係者に，そして国民の皆様に次のことを訴えます。

1. 人質となった5人の方々ならびにその家族の方々へのいわれのない非難・中傷を直ちに中止するよう求めます。
2. 人質となった5人の方々は戦禍のイラクの悲惨な事態に心を痛め，ジャーナリストとして，また草の根のボランティアとしてイラクの人々に人道支援の手をさしのべようとした，日本が世界に誇るべき方々です。私たちはこれらの方々の勇気と情熱に敬意を表するとともに，政府・マスコミ関係者，そして多くの国民の皆様が5人の皆さんとそのご家族の方々にねぎらいと激励の言葉をかけて下さるよう呼びかけます。

以上

2004年4月25日

| | |
|---|---|
| 市野川 容孝（東京大学） | 植田 健男（名古屋大学） |
| 小野塚 知二（東京大学） | 久保　亨（信州大学） |
| 古茂田 宏（一橋大学） | 小森 陽一（東京大学） |
| 高橋 文彦（関東学院大学） | 醍醐　聰（東京大学　代表世話人） |
| 西村 汎子（白梅学園短期大学） | 野村 剛史（東京大学） |
| 八木 紀一郎（京都大学） | 山田 広昭（東京大学） |
| 山中　章（三重大学） | 横山 伊徳（東京大学） |

**シンポジウム「いま問い直す「自己責任論」」実行委員**

| | | |
|---|---|---|
| 大石 鉄太郎 | 奥田 みのり | 小島 佳祐 |
| 小島 浩之 | 斎藤 隆夫 | 佐藤 真左美 |
| 菅原 絵巨 | 醍醐　聰 | 高柳 東花 |
| 宅間 かおり | 谷川 勝至 | 土屋 実穂 |
| 橋爪 明日香 | 平尾 彩子 | 古屋 智子 |
| 三枝 暁子 | 矢田 真子 | 横山 伊徳 |

## 「イラクから帰国された5人をサポートする会」の活動日誌

2004年

4月21日　東京大学教員有志7名が，東京大学教職員に向けて「イラクで人質となった方々の活動に敬意を表し，これらの方々への非難・中傷を直ちに止めるよう訴える」緊急アピールへの賛同署名の呼びかけを開始。

4月23日　上記呼びかけ人が東京大学記者会で会見し，同日正午までに175名の東京大学教職員，202名の他大学教職員・市民から賛同の署名があったことを発表。

4月25日　全国8大学，14名の教員が「イラクで人質となった方々の活動に敬意を表し，これらの方々への非難・中傷を直ちに止めるよう訴える」緊急アピールへの賛同署名の呼びかけを開始。

4月30日　全国10大学，15名の教員が「政府の「救援費用」請求に抗議し，高遠さん，郡山さん，今井さんをサポートする募金」を呼びかける。これを機に，募金呼びかけ人が世話人となって「イラクから帰国された5人をサポートする会」を発足。

5月 3日　「朝まで生テレビ」番組制作者に対し，Webアンケート（高遠さんら3人へのバッシングの賛否を問うアンケート）の実施方法について公開質問状を送付。

5月 6日　「朝まで生テレビ」上記のアンケートを中止。

5月10日　緊急アピールへの賛同署名の第一次集約とサポート募金の中間報告をかねた集会を開催（於：衆議院第一議員会館）。郡山総一郎さん，出席。

署名4965筆，メッセージ2048通，募金280件1,710,500円

集会後，世話人代表が外務省と内閣府を訪ね，川口外務大臣，小泉内閣総理大臣，福田官房長官宛てに緊急アピールとそれへの賛同者名簿を提出するとともに，川口外務大臣に，3人とその家族に対する救援費用請求に関する質問書を提出。

5月14日　テレビ朝日から，「朝まで生テレビ」番組制作者への公開質

した人は少なくなかったと思います。私もその一人でした。世界中で，いのちを大切にするという人としての真情が，国家権力に対して大きな意思表示能力をもつときに，初めて本当の世界平和は実現可能なのだと思います。

イラク人質事件では，政策の失敗を覆い隠すためにメディアを巻きこんで奮闘した政府の力が市民の意思表示能力に勝りましたが，世界の市民が連帯して平和を築く可能性の片鱗だけは残りました。この片鱗を消滅させたくないという思いから，「サポートする会」がシンポジウムを開くことを知ったときに，何らかのお手伝いをしたいと思い実行委員の一人に加えていただきました。そして，シンポジウムの結果をふまえて一冊の本をつくる計画には編集委員として参加しました。

昨年四月に最初の人質事件が起こってから一年半がたちますが，この間，イラクでは数多くの人がいのちを落とし，日本では社会全体が病んでいるかのような事件が次々に起こっています。暗く行きづまった社会に在ることに胸塞がれる思いがしますが，それでも私は一つの希望を見出しています。それは日本の若い人々が，人間の本質的な願いに素直に呼応して，世界の地平に立って行動していることです。いいものはいい，悲しいことは悲しいと純な気持で感じとり，よりよき世界の実現のために行動しているように思えます。その際に必要なのはぶれることのない座標軸ですが，若い人々がいのちを大切にすることを座標軸にしていることに希望を感じます。

この座標軸は若い人だけにあるのではなく，敗戦の荒廃のなかから立ちあがった日本の庶民が，愛する人を失った悲しみや，貧しさや過労やあらゆる困難と戦いながら築きあげた貴重な精神文化です。宝物ともいえるこの精神を現実の世界に形として表わすのが本当の政治ではないでしょうか。自己責任論は日本の政治が本当の政治の対極にあることを象徴しているように思えます。

暗がりで道に迷ったときに，人は星を探して方向を見定めます。この本が，暗く混迷する社会のなかで本当の政治を求める人々にとって，自己の立ち位置と行くべき方向を見極めるための星になれることを願っています。(平尾彩子)

## 編集後記

既に醍醐教授のはしがきで触れられているように，本書は，イラクから帰国された五人の方への署名・募金活動→自己責任論のあり方についてのシンポジウム開催→本書の出版という経緯を経て成り立っている。

サポートする会の署名活動は，インターネット署名であったし，募金への呼びかけやアピールも原則インターネットを通じてであった。正直，私はインターネットの凄さをこれほど感じたことは過去になかった。署名数や募金額は私の予想を遙かに超えた。シンポジウムはかなり力を入れてビラまきを行なったが，それでもインターネットによる宣伝効果は計り知れないものがあった。中国での反日暴動がネットやメールを媒介して広がったというのは記憶に新しいが，このニュースを聞いた時，私は即座に本書出版に至る活動全般を思い起こし，さもありなんと感じた。インターネットは使い方を誤れば，署名・募金といった公正な利用を促す良薬から一気に劇薬に転じるのである。

良薬にせよ劇薬にせよ，投薬時期を逃したり処方を誤ると，その効果は半減する。換言すればインターネットを効果的に使うにはタイミングが重要だと言える。加えて世界に散らばる目に見えない相手を前に，世論を盛り上げ方向性を定めることは困難を極める。サポートする会の世話人やシンポジウムの実行委員ですら思想・信条を異にしている。ましてや賛同者となれば，百家争鳴して収拾がつかなくなる恐れがある。しかしそれでも本書の出版まで漕ぎ着けたのは，政府やマスコミの自己責任論への違和感が，立場・世代・性別・思想・信条を凌駕するほど大きく，サポートする会の活動がその違和感をあぶり出したからではないか。つまり今回の一件は良薬の処方が成功した例だと思いたい。

最後になったが，多くの賛同者の方や一緒に活動してきた仲間に心より感謝の意を表したい。イラクに平和が早く戻ることを願いつつ編集後記の一としたい。

（小島浩之）

＊

三日以内に自衛隊を撤退させなければ人質にとった三人を焼き殺すと伝えられたときに，私たち市井に生きる者の心に燃えたのは，何としても三人のいのちを救いたいという必死の願いでした。その真情にイラクを含めて世界の人々が呼応したときに，「平和を願う諸国民」はこの地上に確かに存在すると実感

## 執筆者紹介

**高遠菜穂子**（たかとお なほこ）
1970年北海道生まれ。2000年より本格的にボランティア活動を開始。2003年5月以降イラクに入国，NGOとともに病院調査・学校再建などに携わり，その後ストリートチルドレンの自立支援活動などに力を注ぐ。現在もイラクと日本を行き来し，活動を続けている。http://iraqhope.exblog.jp/

**渡邉修孝**（わたなべ のぶたか）
1967年栃木県生まれ。1985年陸上自衛隊入隊。現在は市民団体「米兵・自衛官人権ホットライン」に参加。主著『戦場が培った非戦』（2005年，社会批評社）ほか。http://www5f.biglobe.ne.jp/~wattan428/

**酒井啓子**（さかい けいこ）
1982年東京大学教養学部卒業。アジア経済研究所主任研究員を経て，現在は東京外国語大学大学院教授。専門はイラク・中東の現代政治。著書は『イラク戦争と占領』（2004年，岩波新書）ほか。

**相澤恭行**（あいざわ やすゆき）
1971年宮城県生まれ。現在NPO法人「PEACE ON」（ピースオン）代表・理事。イラクにおいて支援活動・文化交流を行なっている。http://npopeaceon.org, http://peaceonyatch.way-nifty.com/peace_on_iraq/

**久保　亨**（くぼ とおる）
1953年東京都生まれ。1981年一橋大学社会学研究科博士課程退学。現在は信州大学人文学部教授。専門は中国近現代史。主著『戦間期中国〈自立への模索〉』（1999年，東京大学出版会）ほか。

**瀧川裕英**（たきかわ ひろひで）
1970年名古屋市生まれ。1993年東京大学法学部卒業。現在は大阪市立大学大学院法学研究科助教授。専門は法哲学。主著『責任の意味と制度 —— 負担から応答へ』（2003年，勁草書房）ほか。

**韓　静妍**（ハン ジョンヨン）
1972年ソウル市生まれ。現在は東京大学総合文化研究科博士課程在学中。

**山口正紀**（やまぐち まさのり）
1949年大阪府生まれ。1973年読売新聞社入社，2003年12月末退社。現在はジャーナリスト，「人権と報道・連絡会」世話人（http://www.jca.apc.org/~jimporen/index.html）。主著『メディアが市民の敵になる—— さようなら読売新聞』（2004年，現代人文社）ほか。

**野村剛史**（のむら たかし）
1951年東京都生まれ。1975年京都大学卒業。現在は東京大学大学院総合文化研究科教授。専門は日本語文法。著書『日本語文法大辞典』（共著，2001年，明治書院）。

**小野塚知二**（おのづか ともじ）
1957年横浜市生まれ。1987年東京大学大学院経済学研究科第二種博士課程単位取得退学。現在は東京大学大学院経済学研究科教授。専門はイギリス社会経済史，労使関係史など。主著『クラフト的規制の起源—— 19世紀イギリス機械産業』（2001年，有斐閣）ほか。

**八木紀一郎**（やぎ きいちろう）
1947年福岡県生まれ。1978年名古屋大学大学院経済学研究科満期退学。現在は京都大学経済学研究科教授。専門は経済学史，社会経済学。主著『近代日本の社会経済学』（1999年，筑摩書房）ほか。

**編者紹介**

イラクから帰国された５人をサポートする会

2004年４月に，イラクで反米抵抗グループに拘束された５人の日本人に対して向けられた「自己責任論」に抗し，５人の勇気ある人道支援活動を援護するために，全国の大学教員有志の呼びかけで結成された市民団体。http://www.ac-net.org/honor/

**代表世話人**

醍醐　聰（だいご さとし）

1946年兵庫県生まれ。1974年京都大学大学院経済学研究科博士課程中退。現在は東京大学大学院経済学研究科教授。専門は財務会計。主著『労使交渉と会計情報』（2005年，白桃書房）ほか。

新曜社

いま問いなおす「自己責任論」

初版第１刷発行　2005年10月28日©

編　者　イラクから帰国された５人をサポートする会

発行者　堀江　洪

発行所　株式会社 新曜社

〒101-0051　東京都千代田区神田神保町2-10

電話 03-3264-4973㈹・Fax 03-3239-2958

URL　http://www.shin-yo-sha.co.jp/

印刷　銀　河　Printed in Japan

製本　イマヰ製本

ISBN4-7885-0966-0 C1030